KB116116

사장님 입문서

40에서
80까지
사장님

저자 **이기봉**

나의 자유에 대한 지향志向이
세상을 변화시킨다
새로운 물건을 탄생시키고
세상을 변화시키는 일
이것이 창업이고
진정한 사장이다

도서출판
청어

사장님 입문서

40에서
80까지
사장님

저자 **이기봉**

도서출판
청어

추천사

그리스 신화에 보면 깜짝 놀랄만한 인물이 나온다. 다른 신들은 모두 정상적인 신인데 돈과 재무(財務)를 담당하는 프루토스라는 신은 장님으로 나온다. 그가 장님이 아니었다면 돈은 옳고 정의로운 곳에만 사용되고 돈과 재물 때문에 생기는 숱한 죄악이나 비극은 생기지 않았을 것이다.

불행하게도 장님이 주물렀기에 돈은 뒤죽박죽, 꼭 가져가야 할 필요한 사람들이 갖지 못하고 가져서는 안 될 자(者)들이 권력과 힘을 이용하여 다 차지하는 부정부패와 부조리(不條理)가 생겨난 것이다. 따라서 독자적인 모범사업가가 되기 위해 나서는 오늘의 지원자들은 가장 어려운 환경에 놓이게 되었다.

그럼에도 불구하고 여기 『40에서 80까지 사장님』을 쓴 이기봉 사장은 기죽지 말라, 편법이 아닌 정공법으로 모범적인 창업자가 되어 성공할 수 있다고 외치고 있다. 30대에 제대로 된 기업체에 입사할 때 "이제 나는 평생직장에 들어왔다."며 기고만장했지만, 10년 세월이 금방 흘러 40이 되니 자리에서 물러나야 한다는 불안과 초조 속에 살게 될줄 뉘 알았을까.

그래서 언젠가는, 40이 됐든 50이 됐든 나이와 상관 없이 새롭게, 그것도 독창적인 사업 아이템으로 자신만의 사업체를 가지고 성공을 향해 언제 어느 때든지 투신할 수 있게 준비하고 있어야 한다고 저자는 강조하고 있다. 그가 굳이 40에서 80까지라는 나이와 연륜을 내놓고 강조하는 것은 바로 그때문으로 보인다.

40여 년 전. 민주언론 쟁취를 위해 사내에서 투쟁하던 동아일보 기자들이 쫓겨나 그 기자들은 하루아침에 직장과 직업을 잃었다. 그들 중에는 내 친구도 2명이나 있었다.

그러던 어느 날, 인사동 골목에서 그중 하나인 김 기자를 만났다. 근처 찻집에 들어가 살벌한 군사정권에 대한 비판과 불평이 오갔는데 그 친구가 찻잔 옆에 놓은 책 한 권이 눈에 들어와 집어 들고 펼쳐보았다.

내가 놀라서 목소리가 커졌다. "아니 이거 뭐야? 상업부기(商業簿記)?" 부기는 사업체의 출납(出納) 입출금 등을 정리한 회계장부를 말한다. 이 친구의 전공은 상업과는 상관이 없고 정반대인 문학이다. 문학평론가이며 문학담당 기자이다. 그런데 부기책을 들고 다니니 내가 놀란 것이다. 그 친구는 빙그레 웃더니 한술 더 떴다. 근처에 있는 부기학원에 다닌다는 것이었다.

"나는 말야, 회계장부는 입출 출납금이나 꼼꼼하게 잘 정리하면 되는 줄 알았거든? 그런데 장부 정리 방법은 2가지란 거야. 그중

한 가지는 회사에 들어오고 나가는 것들을 세세하게 잘 기록하는 장부 정리법(單式簿記)과 출납뿐 아니라 회사의 재무사정 돌아가는 모든 것을 복합적인 방법으로 장부를 정리하는 복식부기(複式簿記) 방법."

"들어오고 나가는 입출금만 빠짐없이 잘 기록하면 되는 거지 뭐가 또 있나?"

"그게 단식이야. 그리되면 현재 움직이는 입·출금 내용은 잘 드러나지만, 회사 전체적으로 입출금 내역을 파악해야 하지. 회사의 현재 부채는 얼마이고, 돈 받을 데는 어디이고, 다음 달엔 어느 부서에 자금을 얼마만큼 투자해 주고, 그런 것들을 전체적으로 기록하는 것이 복식방법인데 그 부기가 재미있어 학원도 들락이는 거지."

그는 창피한 표정도 없이 신이 나서 설명했다. 무슨 목적으로 부기를 배우냐고 몇 번이나 재우쳐 물었지만 그는 그냥 웃기만 했다.

그랬던 그가 날 또 한 번 놀라게 한 사건이 그로부터 6개월쯤 지나서 일어났다. 전혀 사업체 경영은 한 번도 시도해 보지 않았는데 그는 문학 전문지를 창간하고 출판사를 차렸던 것이다. 그 소식을 들은 친구 대부분은 고개를 꼬았다. 몇 달이나 버티겠느냐는 것이었다. 나는 손사래를 쳤다.

"그 정도 준비를 했으면 그는 틀림없이 성공한다."

그의 출판과 잡지사업은 그로부터 성공하여 탄탄대로를 걷고 있다. 잘나가는 창업사장이 되었으니 점심이나 한번 사라 했는데, 시간이 없다면서 미루다가 결국 마지못해 추어탕집에서 만나게 되었다. 사장되면 그렇게 '조를 빼는 거냐'며 서운함을 드러냈더니, 그 김 기자 사장은 미안하다고 거듭 사과하며 시간을 내지 못하는 이유를 간략하게 설명했다.

"내가 잘 아는 고향 선배 하나를 만났더니 시간을 아끼고 사업을 하는 게 중요하다고 강조하더군. 날마다 점심은 모르는 사람들과 하라. 그리고 차 한잔을 하거나 술 한잔을 해야 할 때도 전혀 모르는 사람들과 하라. 앞으로 그 사람들은 사업상 필요한 다양한 인적 네트워크 구성에 꼭 필요하기 때문이다. 그리고 능숙한 영어를 못하고 통역에 의존하면 상대도 무시하고 제대로 정보 상호교환이 안 된다. 그러니 영어, 일본어, 중국어를 배워놓아라. 잡지사업뿐 아니라 제조업 쪽의 새로운 사업도 창업하게 될지 모르잖느냐? 평소에 대비해야 하고 공부를 게을리하면 안 된다. 너는 언제나 준비성이 철저하다는 게 장점이지. 준비만 하고 있으면 40에 창업하든지 50에 하든지 두려울 게 없을 것이다."

이건 이 책을 쓴 이기봉 사장도 동감을 표시한 부분이다. 먼저 핀 꽃은 일찍 시들어 떨어진다. 오래 엎드린 새가 반드시 높게 멀리 날아가는 것이다. 창업자의 미래는 어떤 예정된 것도 결정된 것

도 없다. 항해해야 할 바다에 순풍이 불어올지 태풍이 닥쳐올지 그
건 아무도 모른다. 이 책은 저자의 사업 실패의 기록과 성공의 기
록들이 가감 없이 실려있다. 실패를 미연에 방지하기 위해 공개한
것이다.

　창업의 첫발을 내딛는 사람들에게 저자는 파이팅을 외친다. 한
국사람들은 두 개의 깃발을 가지고 살고 있다. 오른손에 든 깃발은
'살기'이고 왼손에 든 깃발은 '죽기'이다. 두 깃발을 가지고 도전하
여 살기 죽기로 덤비면 안 되는 일이 없다고 한다.

　여러분의 성공을 빈다.

유현종(소설가)

　　1961년 문예지 『자유문학』에 신인작가로 등단했고, 1972년 동아 일보 신춘문예 오리지널 영화시나리오에 '하수인'이 당선됐으며, 1974년 MBC-TV 창사기념 현상 대하드라마에 '임꺽정'이 당선되는 등 다방면에 뛰어난 실력을 지니고 있다. 『대조영』, 『연개소문』, 『들불』 등 장편소설 30편을 펴냈다. 2016년 『소설 사도 바울』 출간 이후 새 작품으로 4세기경 백제 근초고왕이 왜왕에게 선물로 보내 현재 이 소노카미 신궁에 보관된 칠지도에 관한 이야기를 준비 중이다. 『소 설 사도 바울』이 2009년 친동생처럼 지낸 소설가 최인호가 집필을 권유해 7년 만에 인고의 시간 끝에 탄생한 작품인 만큼 새 작품 역시 코로나19 때문에 다소 지연이 되고 있었으나, 다섯 차례 취재를 마 친 상태로 곧 집필에 들어갈 것으로 예상된다.

서문

몇 년 전부터인가 글을 쓰고 싶은 욕구가 솟아났다. 글을 쓰지 않고 지나치기가 너무 억울할 정도의 간절한 욕망이었다. 생각을 3년여 시간 정리했다. 노트북 앞에 앉아 자판을 두드리기 시작했다. 문단도 나누지 않고 세상에 대하여 말하고 싶은 대로 써 내려갔다.

사업을 시작해서 오늘에 이른 30년간, 잊어버리기 싫은, 잊을 수 없는 일들을 누구한테 전해서 도움이 되게 하고 싶었다.

"사업은 이렇게 시작해서 이렇게 하는 것이다"라고 필요한 누군가에 말해 주고 싶었다.

성공담보다는 실패를 나열하여 거기로부터의 벗어남과 시작함을, 이제 다시 시작하는 또 다른 한 사람에게 들려주고 싶었다.

또한, 실패할 수 있는 일을 말하며, 실패로 인하여 좌절하고 포기하는 사람에게 그러지 말라고 이야기해 주고 용기를 주고 싶었다.

막연한 40대에게 권하고 싶다. 40대에 시작하여 80대까지 40년간 사장에 도전하기를, 진정한 사장으로 40년을 살아보라고 말하고 싶다.

사업 30년에 이 글을 쓰며 왜 40년을 말하는가? 나의 완성은 40

년이고 나머지 10년은 이 글을 읽는 독자와 함께 써 내려간다. 우리의 행전(行傳)이다.

내가 여기에서 글로 쓰게 됨은 나의 경험과 생각이 누군가에게 현실적인 도움이 되었으면 해서다. 나의 생각을 80세에 책장 속의 회고록으로 마무리 짓는 것은 너무나 아깝다는 생각 때문이다. 앞으로 나머지 10년은 나도 이 글을 읽는 독자와 같이 창업을 준비하는 마음으로 시작해서 함께 40년을 마무리하고자 한다.

이 책이 나올 수 있게 도와주신 유현종 작가님, 김봉준 부사장님, 이용기 공인회계사, 정성윤 변호사와 그 외에 도움을 주신 여러분께 감사드린다.

그리고 이 책을 나의 동반자인 이종심과 함께한다.

2024년 6월

이 기 봉

세일상역주식회사 대표이사

차례

제2편 **성공**

제3편 **졸업**

제1편

창업

창업

1. 황금을 땅에 묻다

"그래도 사장님이시지 않습니까?" 지방노동청 근로감독관이 나에게 한 말이다. 공무원 앞에서 쩡쩡대는 근로자보다는 사장인 내가 형편이 조금은 낫다는 의미일 것이다.

그래, 그렇다. 나는 사장이다. 나이를 먹어가니 이제는 명함에도 없는 회장이라고 존경의 의미로 나를 불러주는 사람도 있다. 고마운 일이다.

사업을 시작하여 30년을 이어온 지금, 내 모습과 생각도 많이 변했지만 세상은 최근 몇 년 동안 상상할 수 없는 급격한 변화가 있었다. 특히 코로나 팬데믹(2019-2022) 이후 사회는 연결이 안 될 정도로 급격히 변화하였다.

자영업자를 중심으로 한 중산층은 몰락했고 그 흔하디흔했던 노래방, 호프집, 통닭집들이 사라지고 흥청망청하던 사회 분위기는 냉랭하게 식어간다.

코로나 팬데믹 동안 팽창했던 배달 음식의 오토바이 소리도 이제 기억 속에 희미해졌다. 편의점 도시락, 커피전문점 아메리카노 커피만이 명맥을 이어간다. 모두가 돈이 없어서다. 지갑에는 플라스틱 카드 몇 장이 전부다. 아니, 아예 지갑이 없다. 아파트 구입 자금 빚과 이자로 허덕이고 급여소득으로는 매월 카드값 내고 애들 간식, 내복 사기도 빠듯하다. 거기다가 돈 좀 있다는 계층은 그동안 못 간 외국 여행이 아쉬운 듯 모두 해외로 해외로 하며 떠난다. 이러니 개인사업자, 자영업자가 사업이 되겠는가? 외국 노동자 공급도 잘 안되어서 설거지할 사람도 없는데 무엇을 차려봐야 고생만할 뿐 시절을 이길 수는 없다.

코로나 팬데믹 동안 새로이 탄생한 직업군(알바, 라이더)들이 자리를 잡나 했으나 오히려 노동시장은 단기 변동성만 커진 불안정한 집단으로 변하였고 기업에는 계절별로 적정한 인력 공급이 되지 않으니 사용자도 노동자도 모두 다 불안정하게 되었다.

우크라이나 전쟁으로 원자잿값 폭등과 공급 불안이 발생하였고, 이스라엘-하마스 전쟁으로 중동 정세가 불안정해져 원유 가격은 급등세를 유지하고 호르무즈 해협을 통한 물류 운송이 불안해져서 물류비용과 시간은 늘어나게 되었다. 외국에서는 한국이 지정학적 위험이 크다고 우려스럽게 바라보니 자본 유입이 줄어들고 기후변화, 기상이변 등으로 폭설, 폭우, 지진, 태풍 등 자연재해가 많아지고 장·단기적인 경기 예측도 모두가 다 어려워졌다. 작은 구멍가게 하나를 운영하는 데도 이런 것이 이유가 되는 때이니 어렵다.

창업, 창업해 보았는가?

호구지책으로 개인사업자가 되어보신 적이 있는가?

이면 도로와 접한 어두컴컴한 작은 가게에서 통닭을 튀기고 생맥주를 팔며 앞치마를 두르고 있는 자기 모습을 상상해 보았는가?

음식솜씨 좋은 마누라와 좋은 길목에다 분식집을 내고 어묵이나 떡볶이를 파는 자기 모습을 상상해 보았는가?

장롱 속에 있는 공인중개사 자격으로 부동산 중개업소 개업을 생각해 보았는가?

배달의 민족, 요기요, 쿠팡이츠 라이더를 생각해 보았는가?

이러한 것들을 상상하며 안쪽 호주머니에 사직서를 넣고 다닌 적이 있는가?

그렇다면 그 사직서는 다른 누가 보기 전에 얼른 찢어 버리고 현재의 직장에 충실한 것이 좋다. 그 사직서는 자존심의 담보도 되지 못하고 괜히 아내와 가족을 불안하게 하고 직장에서는 최선을 다하지 못하게 되어서 세상으로부터 자신을 점점 더 멀어지게 만들 뿐이다.

그런 생각으로 창업해 봐야 3년 또는 길어야 5년 이내에 주위 사람들과 인간관계만 다 끊기고 홀로 남게 될 것이다. 왜냐하면 이 3년, 5년이 자기 성질에 못 이겨 기분으로 하게 된 창업이 망하는 시점이기 때문이다. 3년이면 자기와 부모형제의 가용자금이 바닥나고 5년이면 처가 근처까지 자금이 바닥나서 내 핸드폰 울리는 소리가 줄어들고 모처럼 아는 사람에게 전화라도 하면 누구는 간절한 마음으로 나를 걱정해 주고 누구는 무소식이 희소식이니 그렇게 알고 지내자고 할 것이다.

그렇다고 창업하지 말라는 것인가? 그렇지 않다. 좀 더 세상을 읽고, 좀 더 세상 흐름을 느낀 후에 잘 창업하자는 것이다. 창의적인 기업 활동은 자유시장 경제의 기초가 된다. 우리의 세상에 대한 자유의지, 창의의 실현이 된다.

우리가 한참 열광했던 벤처 붐, IT 버블, 잡초같이 일어나는 스타트업, 최근까지 이어지는 로봇(robot) AI(인공지능) 랠리, 이들 모두는 식어서는 안 되는 우리의 미래가 되어야 한다.

미국을 대표하는 기업, 자동차 석유 철강 등 기존의 굴뚝산업을 제외하고, 최근 성장 발전하는 IT, 정보통신, 반도체, AI 기업 중에는 개라지(garage, 차고) 창업으로 엄청난 부를 일군 기업이 많다. 하버드나 예일, 콜롬비아를 다니다가 친구 몇 명과 개라지에서 시작해서 애플, 마이크로소프트, 구글, 메타 같이 성장한 글로벌 빅테크 기업이 여럿 있고 또 앞으로도 계속 생겨 날 것이다.

우리나라에도 벤처기업은 IT 정보통신기업을 중심으로 한 1세대를 시작으로 게임, 제약, 바이오, 물류유통, 가상화폐 등의 여러 분야로 확대되고 있다.

엔씨소프트, 네이버, 카카오, 셀트리온, 쿠팡 등은 기존의 전통기업인 삼성전자, LG화학 등 대기업 집단과 같이 어깨를 나란히 하며 코스피 시총 상위그룹을 형성하고 있다. 앞으로도 계속 강남 테헤란로와 판교밸리 같은 지역에서 또 전국에 산재하는 지식산업센터 또는 오피스텔에서 태동하여 인공지능(AI) 기업, 로봇 기업, 바이오 기업 등으로 탄생할 것이다.

창업, 창업해야 한다.

위의 천재들과 같이 확실한 사업 모델(business model)을 가지고 창업한다면 코스닥 상장 전이라 하더라도 필요한 사업 자금도 끌어모을 수 있고, 사업화되기 전에 위험도 분산할 수 있고, 창업의 범위도 넓혀서 성공 가능성도 높이고, 높은 자금력으로 좋은 인재를 많이 채용하여 사업도 확장하고, 시장 지배자로 처음부터 자리 잡을 수 있고 보기도 좋다.

그런 경우가 아니라면? 사업 모델도 막연하고, 사업 자금도 생계 자금과 연계되어 있어서 불안하고 실물 경제에도 약하여 어디부터 시작할지도 모르고 협력 기업을 찾기도 어렵고 또는 시간이 지날수록 무엇인가를 꿈꾸는 기분일 때 어떻게 해야 할까? 무엇인가 하기는 해야 되겠는데 세상에 통할지도 모르겠고, 그만둘까? 막상 창업을 시작해서도 이런 환경이나, 의심이나, 의문은 끊임없이 계속될 것이다.

앞이 보이지는 않지만 그래도 살아남은 자는 살아가야 하기에 70이 넘은 나이에 이 자리에 서서, 내 뒤편에서 나와 같은 행로를 걷는 순례자들을 바라보며 나의 흔적을 노출하고자 한다.

이 글을 읽는 누구는 희망을 볼 것이고, 누구는 절망을 볼 것이며, 누구는 마음의 위로를 얻을 것이다.

　지금부터 하고자 하는 나의 이야기는 위에서 근로감독관이 말한 사장님을 40대에 시작해서 80대까지, 40년간을 '사장님'으로 지내는 방법이니 유익하기도 할 것이다. 그래도 나는 맨땅에서 창업하여 성공했다, 자수성가했다는 말을 듣고 사는 사람이니 들을 만한 가치가 있을 것이다. 이제 나의 이야기를 시작한다.

　나는 1994년 8월 43세의 나이에 창업하였다.

　1993년 12월 31일 미국 뉴욕에서 은행 주재원 생활을 마치고 귀국하여 이삿짐도 도착하지 않은 상태로 1월 1일 새해를 어수선하게 맞이하였다.

　1989년 9월 미국 뉴욕으로 이사 갈 때 집을 팔지 않아서 그대로 그 집에 들어올 수 있었다. 38세에 나가서 43세에 들어오게 되니 나 자신도 변하였지만 한국도 많이 변하였다.

　귀국을 앞두고 실질적으로 창업을 준비한 것은 없었지만 막연하게 사업도 생각했다. 뉴욕에서 현지 은행의 브이 피 겸 론 오피서(vice president & loan officer)로 근무하면서 많은 사업자를 만났고 사업의 흐름을 익혔기 때문에 사업을 생각하는 것이 새삼스럽다든가 어렵지는 않았다.

그러나 당시에 사업에 대한 생각이 강했으면 귀국하지 않고 현지에서 창업하는 것도 생각했겠으나, 직장에 잔류할 생각이 컸고 아이들 교육과 가족을 위해서도 쉽게 생각할 수 없었다.

귀국하여 직장에 복귀하였으나 인사 갈등이 있어서 관례와 다르게 승진에서도 누락되었다. 마침 직장에는 명예퇴직제도가 생겼다. 한 번을 기다리면 승진이야 어떻게 되겠지만 여건으로는 재론의 여지가 없는 퇴직 시점이었다.

그런데 아내의 반대가 생각보다 심해서 마음이 흔들리기도 했지만, 미국에서 생활하는 동안 익혀온 뉴 프런티어(new frontier) 개척 정신으로 이를 극복하기로 했다.

미래가 보장된 안정된 직장에서 상상하기도 어려운 불확실한 미지의 세계로 나아가는 것이 내가 가야 할 길로 보였다. 퇴직에 대해서는 누구와도 상의하지 않기로 했다. 계속 다니면 고액 연봉과 지점장, 임원으로의 승진도 어느 정도 예측되는 상황에서 퇴직을 이야기하니 대부분 내 말을 듣는 사람들은 몇 번 묻다가, 말 못 할 사정이 있는구나 하는 식의 반응이어서 도움이 되지 않았다.

직장을 그만두고 사업 구상을 위하여 아는 사람들을 만나고 도서관이나 무역협회 자료실에서 자료검색을 하고 나름 가능한 노력을 했으나, 4년 반여 세월을 해외에서 살다가 귀국하니 변화도 많았고 내가 생각했던 인맥도 이어지지 않았다.

직장에서 퇴직한 지 얼마 되지도 않았는데 사람을 만나러 다니는 일은 내가 이제 실업자가 되었다는 것을 인식하고 스스로 비참해지는 것 이외에 별다른 성과가 없었다. 흔들리기 시작했다. 하지만 '내가 흔들리는 것은 견딜 수 있어도 아이 셋 달린 가정이 흔들려서는 안 된다'고 마음을 다잡았다.

퇴직금으로 받은 돈을 2등분으로 나누었다. 절반은 사업 자금 절반은 생활 자금으로 나누고 집안 살림은 내가 직장 다닐 때와 비슷하게 유지했다. 생활자금을 아끼는 것도 필요했겠지만, 나와 집안이 더 위축되고 근본적으로는 그런다고 해결될 일이 아니고 그렇게는 하고 싶지도 않았다. 생활도 직장 다니는 것과 비슷하게 출퇴근 시간을 지켰다.

나에게 가능한 일이 무엇일까? 백사장 모래밭에 숨겨진 바늘을 찾는 것 같은 아주 작은 가능성이라 하더라도 새로운 무엇인가를 찾아야 했다.

상품의 제조업이나 건설업에는 연결이 되지 않았다. 좀 끼어들자고 하는 것 같아서 싫었다. 상품의 유통 또한 너무 생소하고 사회적 장벽이 너무 컸다. 자기들 아는 사람 끼리끼리 하는 구조였다. 쉽게 진입할 수 있는 여지가 없었다. 국내 산업에 연관된 상품의 수출입 분야도 들어갈 틈이 없었다. 미국에서 생각했던 창업의 틀이 점차 허물어져 갔다.

자연스럽게 사업자들이 접근이 잘 안 되는 부분을 찾게 되었다. 그것이 영어 활용 능력이었다. 체계가 잡힌 제조업 등의 사업체는 그 나름의 조직이 있어서 수입 수출 등 사업에 필요한 무역 업무를 해 나가지만 아무래도 내 능력을 발휘할 여지가 있는 부분이 이 부분으로 생각되었다.

상품의 수출입은 실물 경험이 없는 나에게는 처음부터 접근이 되지 않았다. 그래서 서류 위주의 업무인 무역 대리점업, 오퍼(offer)업에서 가능성을 찾아보기로 했다. 무역 대리점업 개업을 염두에 두고 미국, 유럽 유수 기업과 접촉하였는데 한국인들이 그렇게 부지런한 것을 그때 깨달았다. 접촉하는 웬만한 기업마다 관심에 감사하다며 이미 한국에 연결된 에이전트 정보를 알려주었다. 많이 실망했다. 가능성은 점점 적어져 갔다.

다시 취업하는 것을 고려했고 지인의 소개로 한 곳은 면접도 보았으나 곧 실망하고 갈 곳이 아닌 것을 직감했다.

이것저것 모든 것이 어려워졌다. 아내한테 뉴욕이나 한번 다녀오겠다고 하니 아내는 내가 무슨 생각을 하는지 알아차리는 것 같았고 그게 좋겠다고 했다.

'미국에 다시 돌아가서 세탁소나 해야지' 했던 농담이 현실화되는 것으로 생각하는 것 같았다. 생각은 복잡했지만, 어찌 되었든 뉴욕행 비행기에 올랐다.

뉴욕에서 귀국할 때 누구인가가 나에게 선물로 준 샘소나이트 가방에 혹시나 해서 미국 영주권 신청에 필요한 서류를 담았다. 뉴욕에 도착해서 호텔에 묵을까 했는데 전에 가까이 지냈던 지인들이 여행하는 동안 자기들 집에서 기거하기를 원해서 돌아가면서 하루 이틀씩 묵기로 했다. 거기서도 만나는 사람들은 나의 여행 목적을 궁금해했고 들어온 김에 영주권을 신청하라거나 한국에 들어가지 말고 같이 살자는 등 귀에 솔깃한 말들을 많이 해줬다. 고마웠다. 위로가 되었다.

내가 현직에 있을 때 친하게 지내던 변호사 한 분을 만나기로 했다. 플러싱(Flushing)에서 7번 기차를 타고 맨해튼으로 나갔다. 변호사 사무실은 메이시스 백화점 인근에 있어서 근처에 도착하여 연락하니 비서가 변호사님이 클라이언트를 만나고 있어서 30분 내지 한 시간은 기다려야 한다고 했다.

시간도 때울 겸 해서 메이시스 백화점으로 들어갔다. 나는 무엇을 등에 지거나 손에 드는 것을 싫어했다. 손에 든 샘소나이트 가방은 무겁고 들고 서 있기 무척 불편했다. 시차에 따른 피로가 겹치고 생각이 복잡해지니 순간 무심해져서 백화점 매대 앞 바닥에 가방을 놓고 나도 모르게 서 있었다.

그러다 정신이 들어 가방을 들고 나가려고 보니 가방이 없어졌다. 그 가방에는 여권, 비행기 표, 이민 관련 서류, 현금 5,000불, 신변잡화들이 들어있었다. 백화점 세큐리티 가드에게 말했지만 허망한 짓이었다. 그러던 중에 변호사한테 전화가 와서 만나고 사정을 이야기하니 자기가 1,000불 정도를 마련해 주겠다고 했다. 나는 신용카드가 있고 잔돈도 좀 있으니 괜찮다고 사양하고 나왔다. 이민 관련 이야기는 꺼내지도 못했다. 싱거운 사람이 되어버렸다.

다음 날 뉴욕 영사관에 가서 여권 분실신고를 하고 여행증명서를 발급받아서 며칠 후에 John F. Kennedy 공항에서 귀국편 비행기를 탔다.

하나님께서 이것도 막으시는구나, 사업하라고 해서 직장도 그만두고 시작하는데 아무것도 안 해주시고 심지어는 미국으로 도망가려고 왔는데 그것도 안 되게 하시는구나. 이제 돌아가서 어떻게 하지? 찾아갈 곳도 없고 매일 도서관에서 살 수도 없고 믿었던 뉴욕 행마저 소득이 없이 무산되었으니 허무한 생각이 들었다.

산 입에 거미줄 치지는 않겠지만 어떻게 하지? 비행기에서 만감이 교차하면서 잠도 오지 않았다. 출국 시에 의기양양했던 기분이 허망해졌다. 영화를 보고 잡지를 뒤적이는데 잡지에 새 상품(new invention)이라는 조그마한 박스형 새 상품에 관한 기사가 눈에 들어왔다. 읽어보니 폐타이어를 재생해서 만든 제품 소개로 공장이 미국 캘리포니아에 있는 회사였다. 혹시나 해서 기사 부분을 찢어 호주머니에 넣었다.

귀국하니 마침 둘째 형이 판사직을 그만두고 변호사 개업을 하게 되었다. 누구는 나를 보고 말했다. "너도 법대 나왔으니 형 사무실에서 사무장하면 좋겠다"라고. 하라면 못 할 것도 없겠지만 하나님과의 약속이 틀린다. 형이 사무실 구할 때 서초동 빌딩가에 같이 다녔는데 마침 형이 얻은 사무실 옆에 사무실 하나가 비어 있었다. 형한테 그 사무실을 얻겠다고 하니 네가 소득이 생길 때까지 형과 같은 사무실에서 하면 안 되겠냐고 물었다.

그러나 그것은 아니라는 생각이 들었다. 내가 잘 살려고 사업하겠다는데, 시작부터 형의 도움을 받으면 거기서 벗어나지 못하고 변호사 사무실 사무장으로 안착할 것 같았다.

며칠 동안 생각한 후, 나는 그 사무실을 얻기로 했다. 그리고 입주하면서 생각이 변하지 않게 하려고 1994년 8월 22일에 사업자 등록을 하였다. 사업체 이름은 장차 세계 일류 회사를 만들겠다는 거창한 꿈의 표현으로 "세일상사"라고 했다.

사업장을 임차하고 상호를 정하고 사업자등록까지는 했으니 막상 사업을 실행할 구체적인 조치가 필요했다. 신문에 사원 모집 광고를 내서 경리 여직원 1명과 시장조사를 위한 영업 직원 1명을 채용했다.

고스톱에는 '운칠기삼(운이 7할, 재주가 3할)'이라는 말이 있으나, 창업에서는 이와 반대가 된다. 창업자의 능력7 운3으로 봐도 부족할 정도로 준비가 필요하다. 창업자 능력7이 안되면 운3도 기대하기 어렵다. 사업 모델(business model, items), 자금(funding), 인력(man power) 3요소를 준비하다 보면 이를 구성해 가는 것이 창업자의 능력이고 사업의 비전이 됨을 절감하게 된다.

사업 모델은 관련 업종에 종사했었거나 접근이 익숙한 위치에 있으면 유리하다. 70~80년대 세운상가 비즈니스 모델이 한 예다. 공개하면 아무것도 아닌데 독점 유지를 위해서 공개하지 않는 식이다. 나와 같이 준비되지 않은 창업에서는 사업 모델을 찾는 것이 창업 초기에 존립을 좌지우지할 만큼 중요하다.

자금은 현재의 자금이 대단히 중요하나 그것만으로는 부족하다. 미래에 발생할 수 있는 자금 수요도 항시 준비해야 한다. IMF 사태와 2008년 금융위기, 이후 여러 번의 외환위기를 경험한 우리로서는 아무리 준비해도 충분하지 않다. 나는 평시 자금 수요의 2배 정도의 마이너스 통장 대출 한도를 항상 준비해왔다.

특히 제품 대부분을 해외 생산에 의존해야 하는 우리의 처지로서는 외환시장의 변동에도 민감해야 한다.

'인력'을 확보하려 동업을 한다면 한 사람의 인건비는 절약하고 들어갈 수 있으나 우리의 정서는 동업을 싫어한다. 따지고 보면 주도권 다툼이다. 동업자 간의 존중과 공평한 나눔에 자신이 있으면 동업을 권한다. 말한 대로 한 사람의 인건비도 절약하지만 또 다른 한편의 경험과 지식도 사용할 수 있어 유익하다. 사업하다 보면 외롭다. 동업하면 그 외로움도 덜 수 있으니 좋다.

처음부터 빅테크 기업으로 창업할 수도 있겠지만 대부분은 개인사업자 또는 중소기업으로 창업한다. 중소기업에 있어서는 사업주의 능력이 대단히 중요하다. 대다수 중소기업은 사업주의 능력으로 유지된다고 보아도 과언이 아니다. 위의 근본적인 창업의 3요소를 찾아내고 구성하고 추진하는 것이 창업자의 능력이다. 그 능력만큼 기업이 성장한다는 것은 변할 수 없는 현실이다.

중소기업에도 직원이 여럿이 있겠지만 자질을 갖춘 유능한 인재를 구하기는 쉽지 않다. 외람되지만 평소에 나 같은 사람 3명만 있었으면 내 회사를 대기업으로 만들었을 거라고 호언했었다. 농담 같지만 사실이다. 중소기업에서는 인재를 구하는 것도 인재를 양성하는 것도 창업만큼 어렵다. 내가 지금까지 30년간 노력해 왔지만 지금 내 주위에 그런 인재는 없다. 많은 비용과 시간을 들였지만 선발과 양성 모두가 다 불가능했다.

나는 전 직장 재직 시에 여러 부서를 순환 근무하며 또는 사외교육기관 등에서 교육과 연수를 통하여 회계학, 경영학, 부동산, 무역, 금융, 영어를 체계적으로 배우고 실무를 익힐 수 있는 기회를 많이 가졌었다. 그리고 실무에서 재벌기업, 대기업, 중소기업, 개인사업자들과 다양하게 업무를 같이 할 수 있었다.

경영자가 회계학 지식이 없거나 금융에 대한 식견이 없거나 리스크를 관리할 수 있는 경영적 판단력과 소양이 없으면 기업이 일시적인 호황을 누린다 해도 사상누각이 되기 십상이다.

경영자가 외국어 특히 영어가 서툴러 통역에 의존한다면 생산과 판매 모든 것이 국제화된 현대 기업 환경에서는 적응력이 떨어져서 발전에 장애가 된다. 창업하고자 하는 사람은 이런 부분을 스스로 점검하고 계속 보완하는 노력을 해야 한다.

2. 중국몽(中國夢), 꿈을 안고 가다

뉴욕 방문 시에 평소에 친분이 있었던 화교 출신 한약재 도매상을 하는 M씨를 만나 나의 귀국 후 사정을 이야기하니, 자기가 중국 산동성 출신 뉴욕화교회의 감사를 맡고 있다며 산동성에 있는 사람을 소개해 주겠다고 했다.

그는 한국과 중국은 지리적으로 가까운 이웃이고 중국의 경제 규모로 볼 때 중국 기업과 사업을 하게 되면 장래에 좋은 기회가 많이 생기게 될 것이라고 적극 추천했다.

마침 중국에서 한 통의 편지가 왔다. 산동성 J시 인민정부 소속 공무원인 W씨로부터 자기소개와 J시 인민정부 외국인 합작투자 전시회 초청장이었다.

뉴욕 방문 후 귀국하여 할 일도 마땅히 없는 처지여서 중국에 전화를 걸어 전시회에 참석하겠다고 했다. W씨는 자기가 중국에서의 일정을 준비하겠다고 하여 그렇게 하기로 하고 비자를 받아서 중국에 입국했다.

상해(上海) 공항에 도착하니 참으로 감격스러웠다. 푸동(浦東) 국제공항이 개항하기 전으로 지금의 상해 홍차오(虹橋) 국제공항으로 입국했다. 비행기 착륙 후 계단으로 걸어 내려와 지상을 밟으며

上海라고 큼직이 쓰여 있는 공항 건물을 바라보았을 때 그 감격은 대단했다.

중국은 처음 방문하는 것이지만 이곳을 통하여 내 꿈이 이루어지리라는 확신이 들었다. 나는 꼭 이 대륙에서 성공하겠다는 다짐을 했다.

그 당시에는 한국과 수교한 지 얼마 안 되어서 J시에는 한국에서 직항편이 없었다. 상해를 거쳐서 중국 국내선 비행기를 갈아타고 J시 공항에 도착했다.

도착하니 공항에 W씨가 마중 나와 있었다. W씨는 젊고 유능한 공산당원으로 J시 인민정부 공무원이었다. 마중, 영접, 매너, 호텔 주선까지 거의 완벽했고 퇴직 후 처음으로 마음에 드는 사람을 만난 기분이었다.

호텔에 짐을 풀고 잠시 휴식을 취하니 W씨가 한 업체를 데리고 로비에서 기다리고 있었다. H그룹 동사장(董事長) H씨였다. H씨는 호걸다운 모습으로 인상이 좋아 보였고 나보다 3~4년 연상의 사업가였다. 후에 알았는데 모택동과 공산당을 자랑스럽게 생각하는 공산당원인 사업가였다. 그는 몇 사람을 동반했는데 모두가 공산당원이었다.

처음에는 새로운 환경에 당혹스러웠다. 그런데 공산당원이라는 어색함이 조금 지나니 그럭저럭 이해되었다. 사람들은 모두 순박하고 친절했다. 곧 나도 경계를 풀고 그들과 어울리기 시작했다.

저녁 식사 자리에 나를 초대했다. 나를 접대하기 위하여 만든 자리였다. 그들은 통역을 대동했고 식사 시간이 되니 공무원인 W씨 포함하여 7~8명이 자리한 만찬이었다.

W씨는 영어가 유창했고 한국어, 불어, 일본어, 독일어는 유창하지는 않았지만 의사소통이 가능한 유능한 사람이었다. 산동성 성장(省長)이나 J시 시장(市長)이 해외 출장 시에 수행원의 일원으로 외국에도 자주 다닌다고 했다. 매너도 좋아서 나하고 금방 친해졌다. 서툰 조선족 통역보다 의사소통이 잘 되어서 유쾌한 만찬이되었다.

다음 날 아침 H그룹 동사장 H씨와 조선족 통역, 영어 가능한 직원과 함께 그들이 제공해 주는 자동차를 타고 전시회를 참관했다. H 동사장이 나에게 J시 호텔보다 자기 회사가 있는 Z시로 가서 머무는 것이 어떠냐고 물었다. 나야 좋다고 하니 호텔에 들러 체크아웃하고 Z시로 갔다. Z시는 J시의 외곽에 위치하는 부속 시로 우리식으로 생각하면 서울에 과천 정도의 소규모 도시였다.

저녁이 되어 호텔에 도착하여 체크인하고 저녁 식사를 하게 되었는데 식사 장소의 규모가 입이 벌어질 정도의 크기였다. Z시 인민정부의 부시장과 간부들과 H그룹 소속 공산당 간부들이 참석했고 J시 공무원 W씨도 전시회 업무를 끝내고 함께 참석했다.

과분한 모임으로 내가 이렇게 대접을 받아도 되나 하는 생각이 들 정도였다. 참석자 한 사람 한 사람 모두 소개를 받고 나를 소개했다. 그런데 그 사람들에게는 나의 소개는 그렇게 중요하지 않은 듯했다.

모두 10년 이상 만난 친구들인 듯 따뜻하고 유쾌한 만찬 자리였고 만찬이 끝나고 적당한 여흥도 있었다. 우리나라의 70~80년대에 흥청이던 강남 같았다. 공산당, 공산국가가 주는 경직된 이미지와 다른 아주 자유분방하고 거침없는 연회와 교제의 시간을 가졌다.

여러 단계의 지방정부 공무원들이 기업의 대외 합작과 외자 유치 노력을 지원해 주고, 이를 공산당이 선도하는 색다른 모습과 서로의 역할에 놀랐다. 서로의 의견을 조율하고 통일하는 방법 또한 우리와 많이 달랐다. 공산당원과 정부, 기업이 한 몸체가 되는 것 같았고, 공산당은 마치 몸에 흐르는 피처럼 작용하는 것 같았다. 중국에서 공산당원의 의미를 처음 경험했다. 거기에서 그들이 보는 '나'는 누구였을까? 나는 몸을 가누지 못할 정도로 독주에 취해서 공산당원의 부축을 받으며 호텔방으로 돌아왔다.

이튿날 아침 호텔 조찬 시간에 맞춰서 영어 통역하는 직원과 동사장의 비서가 와서 친절하게 식사를 안내했고 식사 후에 회사를 방문했다.

회사는 규모가 대단했다. 철 강구(steel ball)를 만드는 기업인데 내가 상상했던 규모보다 10배는 더 컸다.

회사에 도착해서 간단한 환영행사를 마치고 동사장이 나를 자기 방으로 안내하니 기업집단 내 공산당 간부들이 도열하여 나를 환영했다. 동사장은 영어를 못해서 나하고는 한자 필담으로 의사소통했는데 의사소통이 나름대로 잘되었다. 조선족 통역을 불신하는 듯했다.

동사장실은 건물 한 층을 부속실 포함해서 모두 사용하고 있었고 집무실에는 커다란 모택동 초상화와 고급 가구로 잘 꾸며져 사치스러울 정도였다.

공장을 견학하고 그럭저럭 시간이 지나서 오후가 되니 어제 저녁 만찬에 왔던 Z시 부시장을 비롯하여 당 간부들이 모두 다시 모여들었고 지역 TV방송사 기자도 카메라를 들고 왔다.

무엇 하느냐고 물으니 외국인 합작투자 조인식이라고 했다. '이제 사업을 시작한다고 사무실을 얻었고, 남녀 직원 합하여 2명뿐인 내가 무슨 이런 합작투자를 한다고 이럴까' 해서 마침 동석한 W씨에게 사정을 이야기하니, 사정이야 어쨌든 여기에 따르는 것이 좋겠다고 했다. 그리고 향후 어떤 문제도 없다고 했다. W씨의 진지한 태도와 동사장의 호걸다운 말을 믿고 조인서에 서명했다. 그날 저녁 지역 TV 뉴스에 서명하는 내 모습이 나왔다고 한다.

유구한 역사를 가진 이웃나라 중국, 이튿날에는 관광을 하기로 했다. 공자가 태어난 곡부 그리고 그 유명한 태산, 즐거운 여행이었으나 문득문득 떠오르는 한국 귀국 후를 생각하면 풀이 죽었다. 일정을 마치고 귀국하게 되었는데 호텔비만 내가 카드로 계산하고 현지 체재 비용 모두를 H그룹측이 부담했다. H 동사장과는 짧은 만남이었지만 형제와 같은 우의와 신뢰를 맺고 귀국하게 되었다.

H그룹의 비즈니스를 한국에서 펼치려고 생각하나 머릿속으로 그림이 그려지지 않았다. 이들이 내게는 너무 규모가 큰 것이 문제였다. 귀국 후 감사 인사와 몇 번의 서신 연락 후 샘플을 수령하였다.

매일 샘플을 바라보면서 여러 가지 생각을 해 보았으나 방법이 없었다. 보내준 샘플은 시멘트공장에서 석회석을 깨는 데 사용된다는 것뿐 시멘트공장에서 실제로 사용되는 것을 본 적도 들은 적도 없는 기술적인 제품이었다.

시멘트공장과 접촉할 의욕조차 나지 않는 제품이었다. 시멘트공장 또한 대부분이 산간벽지에 있어서 방문하기도 쉽지 않았다. 전화를 통하여 담당자들과 사용 용도와 기술적인 문제점 정도를 파악할 수 있었으나 더 이상 진척되지 않았다. 제품 관련하여서 한국시멘트공장에서는 누구도 나를 만나주지 않았다. 난감하고 안타까웠다. 이것은 내 것이 아닌 것 같았다.

　더구나 한 명뿐인 우리 영업직원은 샘플을 보고도 그 용도를 상상하지 못했다. 옛날 시골에서 중학생일 때 뿌연 먼지를 내며 달리는 미군 덤프트럭을 보고 신기해했던 나의 모습 그대로였다. 가능성이 전무했다.

3. 내일 일은 내일 생각하자

1994년 8월 22일 개인사업자 등록 이후 1997년 4월 1일 법인 전환 이전까지 창업 이후 불완전한 사업으로서 전개 과정을 말하고자 한다.

뉴욕 인맥을 이용해서 중국의 관료와 기업인을 소개받았고 중국을 기반으로 한 사업을 구상하며 적당한 기회에 다시 중국을 방문하기로 했다. 한 차례 방문으로 나름 새로운 사업과 인맥이 형성되었던 것이다.

아이템을 찾기 위하여 무역협회 자료실에 자주 들렀다. 무역협회에서 발행하던 무역일보는 전 직장에서 회람으로 매일 보던 것이라 익숙해서 며칠분씩 제목 위주로 훑어갔다. 주로 새로운 상품 소개에 관심이 갔다.

이제 에이전트가 쉽지 않은 것을 슬슬 느껴가고 있었다. 내 손에 닿는 에이전트 업무는 대부분이 기술 영업 부문으로 그 기술을 이해하거나 가치를 평가하기가 어려웠고 비전문가로서는 사용자 그룹에 그 기술을 설명하기가 어려웠다. 점차 상품을 직접 수입해서 팔아야겠다는 생각으로 마음이 바뀌었다. 즉 상품 총대리점으로 출구를 마련하여야겠다고 생각했다.

상품 아이템을 찾는 것도 너무 막연했다. 어느 범위에서 실체를 가지고 하면 그래도 손에 잡히는 것이 있겠지만 이것은 자연 삼라만상 전부가 대상이 되니 생각만 해도 공허해졌다. "그래, 그래도 나는 작은 바늘에서부터 시작해서 하늘을 나는 비행기까지라도 모두에서 내 것을 찾아내겠다."하고 각오를 매일 다졌다.

[첫 아이템: 아이 메이트]

아이 메이트(eye mate)라는 상품이 눈에 들어왔다. 이름 그대로 눈을 보호하고 피로 회복 기능이 있는 상품이었다. 직원과 상의했다. 상품 자체로서는 조금만 관심 있게 보면 내용과 기능을 알 수 있는 것으로 어려워 보이지 않았다. 상품 수입을 결정하고 중국에서 최소 수량을 수입했다.

'판매하는 것은 어떻게 되겠지' 하는 생각이 들었다. 나는 영업 직원에게는 판매하는 어떤 특별한 방법이 있을 것으로 믿고 싶어했다.

카탈로그 번역 작업을 했고 포장에는 스티커 처리를 했다. 상품도 있고 판매준비는 다 되어 있는데 판매할 수 있는 매장도 루트도 방법도 없었다. 아침에 출근하면 직원과 서로 얼굴만 쳐다보는 처지가 되었다. 믿었던 영업 직원에게 신기에 가까운 판매 방법이 없는 것을 깨달았다.

형의 변호사 사무실을 방문하는 손님들이 신기하다는 듯 들러서 보고 가고 이런저런 지인들도 상품이 들어왔다니 관심 있게 찾아와서 보고 갔다. 좋은 상품이라고 칭찬도 하고 갔다. 그러나 내 생각은 점차 더 막연해졌다. 이렇게 해서 어떻게 할 것이냐는 말들이 주변에서 흘러나왔다.

이제 사무실에 방문하는 손님들이 하나씩이라도 사 가겠다고 했다. 정말 자존심 상하는 일들이 벌어지기 시작했다. 사무실 한쪽 벽면에 쌓여있는 상품을 볼 때마다 스스로 비참함을 느꼈다. 이것은 내가 해결해야 한다고 결심도 다졌지만 마음은 자꾸 허물어져 갔다.

당시에는 인터넷 쇼핑몰 등 이커머스가 없을 때였다. 상품을 들고 가가호호 방문하거나 사무실을 방문하여 잡상인처럼 팔 수밖에 없었다. 지금 생각하면 그런 상품은 선물용품이거나 판촉용품으로 판매해야 하는데 그 당시 그것을 몰랐다. 그 상품의 상품으로서의 속성도 몰랐고 그에 따른 판매 루트가 다르다는 것도 몰랐다. 나에게는 방법이 없었다.

신문에 상품 광고를 내서 팔기로 하고, 광고를 내보냈으나 광고 한번 나가면 5~6개 팔리고 비용만 많이 들었지 할 짓이 아니었다. 내 처지가 딱해 보였던지 지인들이 오면 5~6개씩 사서 아는 사람들에게 선물하겠다고 가져갔다.

결국 사업한다고 아는 사람들에게 신세만 지게 되었다. 그러나 버릴 수도 없었고 어쩔 수 없었다. 여기에 더 이상 매달려 있으면 다른 것도 안 될 것 같아서 마음속으로 그 상품을 버리기로 했다.

첫 경험으로는 안 좋은 실패였다. 상품은 사무실 구석에서 뒹굴다가 하나둘씩 없어져 갔다.

[둘째 아이템: 이태리 속옷]

아이 메이트를 통하여 유통 경로를 갖추지 못한 상품군은 상품화가 어렵고 그 유통 경로를 새로 만드는 것은 더 어렵다는 사실을 터득하였다.

그 이후 친구 한 명이 왔다가 자기 동생이 여자 속옷 종류를 취급하는데 괜찮아 보이니 한번 만나보라고 했다. 찾아갔다. 낙후된 건물 1층에 창고를 갖고 사업하는 그 동생으로부터 사업에 대하여 한참 강의를 들었다. 이야기를 듣다보니 그 동생이 어찌 그렇게 똑똑해 보이던지. 어쨌든 알려 주는 대로 하겠다며 자주 연락하기로 약속했다.

요점은 가게가 있거나 봉고 트럭 같은 차로 시장 골목 같은 곳을 다니면서 팔 수 있는 상품이어야 한다는 것이었다.

여성 속옷이 좋다고 했다. 속에 입는 옷이니 유행이 지나도 팔 수 있고 최소한 땡이라도 칠 수 있는 품목이라고 했다. 맞는 말이었다. 그러나 거기에도 한계는 있었다. 내 처지가 아무리 어렵다고 해도, 내가 직접 가게를 내서 여성 속옷 장사를 할 수는 없었고, 더구나 자동차를 끌고 다니면서 아파트 앞에서 여성 속옷을 내가 직접 팔 수도 없는 처지는 분명했다. 샘플 몇 장을 얻어 사무실에 돌아왔다. 직원 앞에 내놓기도 민망했다. 상품에 익숙하지 않은 나에게는 그것이 상품이라기보다는 여성 속옷으로만 보였다.

며칠간 많은 고심을 한 후 무역협회 자료실에서 여성 속옷을 검색하니 그 분야도 적지 않았고 서서히 여성 속옷 샘플이 상품으로 보여갔다.

이태리나 프랑스에서 여성 속옷을 수입해서 팔면 어떨까 하는 생각이 들어서 그 친구 동생에게 말하니 좋은 생각이라며 이태리에서 수입하면 좋겠다고 했다. 이태리에서 만든 여성 속옷이면 아무리 안 팔린다 하여도 땡이라도 치게 되면 본전은 건질 수 있으리라 믿고 논리적으로 생각해도 비슷하게 맞았다. '썩어도 준치라고 이태리에서 수입한 것인데'라고 생각하니 확신이 들었다.

이제 악몽 같았던 아이 메이트는 서서히 잊어가고 있었다. 이태리에 있는 여러 업체에 연락했는데 한 업체에서만 의향이 있다는 답변이 와서 샘플을 받고 특허청에 그 상표로 등록했다.

이제야 사업의 꼴이 형성되는 느낌이었다. 매장으로는 회사 인근에 있는 삼풍백화점을 생각했고 담당자도 만나보고 호의적인 반응을 얻었다. 이제는 고생 끝, 마누라도 원 없이 속옷은 이태리제만 입을 것 같았다.

이태리공장의 피드백도 좋았고 무역을 시작하는 맛이 나는 것 같았다. 꼭 필요한 것은 아니지만 공장을 방문하고 싶었다. 1995년 6월 25일 이태리 밀라노에 있는 공장을 방문하게 되었다.

공장을 방문하니 그동안 광고와는 달리 그 규모가 가내수공업 정도였다. 약간 실망스러웠으나 그들의 말로는 동 업계 공장들은 대부분이 그렇다고 하니 따질 일도 아니어서 받아들였다. 집시 여자를 불러다 입혀도 보고 여러 가지 속옷을 보여줬으나 그게 그것 같았다. 그들이 설명하는 것을 들으며 사진도 찍고 샘플도 챙겼다. 이제 이 상품을 가지고 한국에서 펼쳐야 하는데 어지간히 부족한 부분은 스스로 커버하면 될 것 같았다.

일을 마치고 밀라노 공항에서 상기된 마음으로 샘플을 한 가방 가지고 비행기에 올랐다. 29일 오전에 김포공항에 도착하여 공항 버스를 타고 사무실로 돌아왔다. 사무실이 서초동에 있어서 사무실에 들어오는 길에 버스에서 내려서 삼풍백화점에 들려 평소에 이야기되던 담당자들을 만나고 이태리 출장 결과를 설명해 주었다. 모두 기대하겠다는 모습이었다.

사무실에 들어와서 샘플과 카탈로그 등 이태리에서 가져온 자료들을 펼쳐놓고 쉬려고 일찍 집으로 들어와 여장을 푸는데 TV에서 긴급사고 뉴스가 나왔다. 삼풍백화점이 무너졌다는 것이다. 세상에 말도 안 되는 일이었다. 강남 제일의 고급백화점인 삼풍백화점이 무너지다니 정말 어이가 없었고 내가 하려고 하던 일, 방금 이태리까지 다녀온 일이 와르르 무너짐을 느꼈다. 이미 내 사업으로 동네방네 소문을 다 내놨는데 하나님께서 또다시 나를 막으시는 것 같았다. 이태리에서 계속되는 재촉(further actions) 서신을 뒤로 하고, 친구 동생의 재촉하는 전화도 뒤로 하면서 나는 다시 무역협회 자료실로 발길을 옮겼다.

이제는 무엇을 한다고 하고 싶지도 않았고 가방을 들고 나가서 예술의 전당 뒤편 공원 주위를 종일 배회하다가 퇴근 시간 무렵이 되어 사무실에 돌아올 때는 직원들 보기도 민망했다.

내가 이럴 수는 없다. 나를 더 채찍질했다. 뉴욕에 있을 때 자주 떠올렸던 뉴 프런티어 정신으로 다지며 마음을 새롭게 했다. 영화 〈바람과 함께 사라지다〉의 마지막 장면에서 스칼릿이 읊조린 "내일은 내일의 태양이 뜬다"는 말을 생각하며 애써 마음을 추슬렀다.

[셋째 아이템: 젤리 슈즈]

무역협회 자료실에서 신상품 소개에 나오는 브라질산 투명 샌들 젤리 슈즈가 눈에 들어왔다. 생산자에게 샘플을 요구했다. 샘플 대금과 운송료를 지급하고 한 달여 시간이 지난 뒤에 샘플을 받았다.

직원에게 샘플을 들려 시장조사를 시작했다. 나도 직접 샘플을 들고 나가 신발 도매업자들을 만났다. 남대문 시장 동대문 시장을 뒤졌다. 상품이 좋고 새롭다는 평가가 이구동성이었으나 자기 책임하에 수입해 달라는 업체는 하나도 없었다. 수입해 오면 팔아 보겠다는 의견 정도였다.

뉴욕에 있을 때 사업자들에게서 사이즈 있는 제품은 어렵다는 말을 들은 적이 있었다. 교포 중에 한 사람이 운동화 장사를 하면 그 형제들은 모두 운동화 장사를 해야 한다고 했다. 그래야 안 팔리는 사이즈 제품을 모두 소진할 수 있다고 했다.

시장조사를 해가면서 '이것도 아니다'라는 생각이 점차 강하여지기 시작했다. 더구나 생산지가 브라질이라는 것도 어려운 요소였다. 중국 같으면 쉽게 사람과 물건이 오갈 수 있는데 브라질은 물건이 오는데도 사람이 오가는 데도 시간이 오래 걸린다. 사이즈 제품이고 판로도 정확히 없는 상태에서 이것도 아니라는 생각이 점차 굳어져 갔다.

지나간 일이지만 나의 40대는 생각은 산만하고 이렇게 성과는 나지 않는 시기였다. 태어남도 전쟁 중이었다. 열악한 환경에서 보릿고개를 겪으면서 자랐고 성장하던 시기에는 월남전(戰)도 비껴가고 이어서 중동 붐도 끝마무리로 대부분 2~3년 전의 급속 성장에서 안정화되는 시대였다. "얼마 전에는 되었는데 지금은 왜 그렇지?"하는 시대였다. 세상의 변화에 부응하는 기대는 컸으나 모든 것이 제대로 되지는 않았다.

창업한 후에도 그 몇 년, 2~3년의 시차를 극복하기 어려웠다. 그 2~3년의 시차로 사회의 신기루 같은 모든 이권이 기득권화된 것 같았다. 도저히 파고들 틈새가 보이지 않았다.

고행자 동지여! 나와 같이 이럴 때 어떻게 하겠는가? 지금은 많이 다른가? 사회가 더 촘촘해지고 씨도 먹히지 않는 답답한 세상은 아닌가? 질식할 것 같아서 좌절하고 포기하고 싶은가?

아니다. 어찌, 내가 이것으로 나의 실패를 다 이야기했겠는가? 시련은 이뿐이었겠는가? 그래, 오늘은 쉬고 내일 일어나서 그때 다시 생각하자. 인생은 그런 것이니 내일 일은 내일 생각하자.

4. 한 조각의 구름이 비가 되다

[첫 번째 성공]

뉴욕을 방문하고 귀국행 비행기 안 잡지에서 새 상품 소개 기사를 절취해 가지고 있었다. 그 기사에 나온 회사 연락처를 알아내기 위하여 무역협회 자료실에 가서 미국기업 옐로우 페이지(yellow page)를 찾아 미국 캘리포니아에 있는 그 회사의 주소를 알아냈다.

1994년에는 인터넷이나 이메일이 활성화되지 않았던 때라 연락 수단은 전화나 팩스 서신에 의존해야 했고 오랜 시간이 걸렸다. 그렇게 해서 얻은 정보는 정확성도 많이 떨어졌다.

나는 회사에 정중하면서도 좀 과장된 자기소개가 포함된 내용으로 귀사와 거래를 하고 싶고 향후 한국의 좋은 사업 파트너가 되고 싶다고 하면서 잡지의 기사에 실린 상품에 관심을 표명했다.

시간이 흘러서 그 회사로부터 자기 회사를 소개하는 팜플랫과 카탈로그 책자를 받았다. 참으로 어렵게 얻은 답변인데 사업을 시작해서 처음으로 얻은 계약으로 연결되는 결실의 시작이었다.

처음으로 주고받는 계약 서신이라 어떻게 해야 상대방이 나를 더 가치 있는 파트너로 보게 할 것인가에 대하여 고심을 많이 하였고 결국 내용상으로 청약을 승낙하는 의사표시와 샘플을 요구하는 편지가 되었던 것 같다.

편지를 보낸 후 20일 정도 지난 후에 국제우편물 도착 통지를 받았고 강남 영동세관에서 통관절차를 밟아 샘플을 받았다. Royal Floor Mat, 별생각 없이 많이 사용하면서도 종류로 보면 주위에서 흔하게 접하는 실외용 발 매트의 샘플을 받았다.

국내 시장의 형태도 잘 몰랐던 시기에 몇 번의 실패 경험이 있었지만, 이 상품을 가지고 어떻게 사업화할 것인가? 어떻게 상품화해서 팔 것인가? 시장에 어떻게 접근할 것인가? 이제 내가 시장판에 들어가야 할 것 같았다. 아는 것 보다 모르는 것이 많았다. 며칠간은 직원한테도 상품 내용을 공개하지도 못하고 혼자서 고심에 고심을 거듭했다.

당시는 시장이라고 해봐야 백화점과 재래시장과 상가 가게가 전부였고 미국식 대형 할인점으로 킴스클럽이 막 생길 때였다. 이후 대형 할인점 사업이 유망하다는 생각과 필요성이 생기면서 여러 업체가 생겨났다.

나는 첫 번에 대형 할인점을 목표로 해서 킴스클럽과 접촉했는데 담당 바이어가 호의적이고 상품이 도착하면 받아주겠다고 하였다. 용기가 백배하였다. 직원을 시켜서 재래시장도 시장조사를 시켰는데 거기서도 반응이 좋았다.

미국 캘리포니아에 있는 제조사에 주문을 내고 견본송장 (Proforma Invoice)을 받고 그에 근거해서 수입대금을 송금했다. L/C거래를 하고 싶었지만 그들은 L/C 같은 것은 모르겠고, 우리에 대한 매출도 미국 내의 거래와 동일하게 현금으로 처리된다고 해서 처음부터 송금거래로 시작하였다.

송금 후 20여 일이 지나서 상품이 컨테이너로 부산항에 도착했다. 당장 운용할 창고가 필요했다. 부동산 임차료가 싸고 고속도로 접근성이 좋은 곳을 찾았다. 또한 내가 관리하기도 편한 곳을 찾다 보니 서울 시내로 한정되었고 물건 상하차를 위하여서는 1층이 좋은데 대로변 건물은 1층을 창고로 빌려주려는 곳이 없었다. 겨우 신도림역 근처 이면 도로에 주상복합 1층에 창고를 얻을 수가 있었다. 창고에 간판을 달 것도 아니어서 침수 우려가 없고 잦은 입출고를 감안해서 인적이 뜸한 곳이 좋았다.

상품을 통관해서 물건이 창고에 입고되었고, 킴스클럽 바이어와 협의하여 매장에 납품을 시작하였다. 사업자등록 후 만 1년 만의 일이었다.

한 조각의 구름이 단비가 되었다. 1995년 가을이었다. 상품의 확실한 납품처를 찾았으니 이제 명실공히 시작이었다.

당시에는 대형 유통업체라 하더라도 물류시스템이 안 되어 있어서 각 업체에서 각 매장으로 직납하는 형태였다.

대금은 월 마감하여 어음으로 받았다. 어음이었지만 그 기일이 되면 현금화되기 때문에 그 위험성은 전혀 느끼지 않았고 매출액을 늘리는 데 심혈을 기울였다. 또한 도매상을 통해서 재래시장에도 물건을 유통시켰다.

공장에 연이어 발주를 내었고, 부산항에서 올라오는 컨테이너 수도 계속 늘어갔다. 회사가 실질적으로 도매유통업이 주된 사업이되다 보니 서초동 빌딩 5층의 사무실은 불편하여 1996년 6월 구로구에 신축 개장을 한 중앙유통단지로 이사를 했다.

이사를 하니 창고도 훨씬 가까워졌고 또 유통단지 내에 있는 창고도 추가로 임차하여 함께 사용하니 한결 편해졌다. 그러나 유통단지는 기계부품 납품을 주종으로 하는 곳이라서 입주업체들과 업종이 다르고 유통단지에 있어서 유리함보다는 이질감이 좀 더 컸었다.

그럭저럭 매출액은 늘어났고 회사 형태도 잡혀 나가기 시작했다. 인근 고척동에 창고 하나를 더 임차하였고 직원도 늘어났다. 유통단지 2층 사무실을 사용했는데 2칸으로 1칸은 내가 쓰고 1칸은 경리 직원 1명과 영업 직원들이 사용했다. 영업 직원들은 마침 대형 마트 붐이 시작되던 때라 대형마트 영업을 확대해 나갔다.

회사는 기업 형태를 좀 더 갖추고 신용도를 높이기 위하여 1997년 4월 1일에 세일상역주식회사라는 법인으로 전환하였다. 사업장은 그대로 중앙유통단지 사무실 2개를 사용했으나 법인 전환으로 시스템은 주식회사로 전환했다. 회계시스템도 대형회계법인의 프로그램을 사서 사용했다. 상품도 폐타이어 리사이클링 실외매트에서 국산 인조 잔디 실외매트, 실내 면 발 매트로 확대되었다.

사업초기에 사업 모델과 아이템 부재를 극복하기 위해서는 국내·외의 상품 (총)대리점 전략이 유효하다. 타사 상품을 가지고 유통 채널을 개척, 확보하게 되면 사업의 기반을 이룰 수 있다. 특히 한 지역의 총대리점을 맡을 수 있다면 어느 정도 수익성도 확보할 수 있다. 그러나 단점은 그 타사의 영업 전략이나 그 업종의 경기에 따라서 영향을 받을 수 있고, 독자적인 사업추진이 어렵고, 수익성이 제한된다.

1997년에는 삼성물산 대리 주임 명함을 가진 사람 둘이 사무실에 찾아와서 자기들이 영국 테스코사와 합작으로 국내에 마트를 만들 것이라며 협력업체로서 협업이 가능하냐고 물었다. 우리는 그간 우리가 해왔던 것과 비전을 제시하여 함께하고 싶다고 했다.

홈플러스라는 대형 할인점이 대구에 1호점으로 탄생했다. 우리는 홈플러스에 적합한 상품 개발에 노력했고 대부분의 상품은 소비자와 바이어의 호평을 받았다. 점포는 비록 하나였지만 삼성물산과 영국 유통 대기업인 테스코사의 합작사로 성장 가능성에 우리는 최선을 다하였다.

이후에 설립된 이마트와 지에스마트, 외국계 까르푸 월마트 등 많은 대형 할인점이 설립되거나 외국 기업이 직접 국내에 대형 매장을 열었다.

문화는 발전만 하지 않는다는 것이 역사의 교훈이다. 세상이 그렇다.

1997년 11월 22일 정부는 외환위기로 IMF의 구제금융을 받겠다고 발표했다. 10%대의 은행 금리가 19% 또는 그 이상으로 올라가고 중대형 기업들도 부도가 나고 자금을 유통할 길도 없어졌다. 갑자기 일어난 일이라서 영세 자영업자 수준의 우리 같은 소기업은 손을 터는 경우가 많았다.

아마도 IMF 사태(97년 11월 22일)에 대해서는 긴 설명이 필요치 않을 것이다. 다만 내가 가지고 있던 받을 어음이 대부분 휴지 조각처럼 가치가 없어졌다는 것이 현실이었다.

우리 회사의 주력 기업인 킴스클럽도 부도가 났다. 가지고 있던 어음은 모두 부도 처리가 되었다. 그래도 혹시나 해서 부도난 어음을 보관해 두었지만 결국은 한 푼도 받지 못했다.

그 당시에 우후죽순처럼 일어났던 중대형 규모의 다른 마트도 마찬가지였다. 그러나 우리는 매입처에 대한 결제를 하지 않을 수 없었다. 직원에 대한 급여와 임차료 관리비도 마찬가지였다.

나는 외환위기, 2008년 금융위기 같은 것을 예측하지도 상상도 못 했지만 평소에 은행의 생리와 자금 관리에 대한 중요성으로 수익의 일정 부분을 예금, 적금으로 들어놓는 것을 철칙으로 했다. 내가 가지고 있는 대다수 채권이 부도가 났어도 준비된 예금, 적금을 해약하여서 지급 결제에 차질이 없도록 최선을 다했다. IMF 사태 결과는 혹독했다. 그래도 기본을 중시한 경영으로 경영상의 큰 위험에 빠지지 않을 수 있었다.

그 당시에 우리 회사는 협력업체 하나에 매입 관련 거래 관계가 편중되어 있었는데 그 업체는 회사의 규모는 상당한데 경영은 주먹구구식이었다.

그 사주(社主)와 자주 만나서 기업 경영에 관한 의견을 많이 나눴고 서로 신뢰하는 사이가 되었다.

그 회사는 제품을 생산하고 유통하고 모든 것을 다 하려다 보니 제조 원가가 항상 정확하지 않았다. 회사에 실제적인 제조 원가 계산 과정이 없다보니 주먹구구식으로 시장 가격에서 적당한 비율을 뺀 것이 제조 원가라고 생각하고 있었다.

미국 쪽의 업체에서 그 제품에 관심이 있어서 원가 제시를 요청받았으나 기존 유통마진에 길든 그 업체로서는 내가 요구하는 가격 방식에 충격을 받고 마치 자기들의 사업이 발가벗겨지는 기분을 느꼈던 것 같다. 그 회사 제품의 수출 국제화를 위해서는 그 회사의 근본부터 다 바꿔야 했다.

내가 제시하기를 "생산은 공장에서, 판매는 우리 회사에서 하자. 그렇게 하면 서로 자기에 맞는 마진을 갖고, 기업 경영이 공개되고, 또한 여러 가지 경영상 위험에서도 피할 수 있다. 그렇게 함으로써 그 회사는 생산에 주력하여 좋은 상품을 좋은 가격에 만들고, 우리는 국내외에 그 상품을 판매할 시스템을 만들어 서로의 장점에 따라서 승수 효과를 높일 수 있다"고 제안하였다. 그 회사의 대표와 내가 합의하고 그 회사 대표는 이를 사주(회장)에게 보고했다.

그 후에 들은 이야기지만 그로 인하여 대표는 상당한 질책을 받았다고 한다. "왜, 당연한 유통마진을 포기하느냐?"였다.

그렇게 해서 그 이야기가 지지부진할 때 IMF 사태가 발생했다. 이것도 운이라면 운일 수 있다. 사업을 시작한 지 얼마 안 되어 자기 자본의 10배에 해당하는 매출 채권을 인수해서 그것이 부도로 처리되었다면, 내 사업도 거기서 주저앉았으리라 쉽게 추측할 수 있다.

[크레인 대만 수출]

또 하나의 기회는 엉뚱한 데서 왔다. 중앙유통단지로 이전 후에 근처 상가에서 중기 사업을 하고 있는 선배 한 분을 만나게 되었다. 시간 되는 대로 선배의 중기 사무실에 들려 금융 법률이라든가 경영상 문제를 상담도 해주고 가끔 번역이나 통역도 해주었다. 중기 사무실은 IMF 사태 이후에는 중고 건설 중장비를 해외에 수출을 많이 하였다.

어느 날 대만 사람 하나와 에이전트라고 하는 사람이 우리 사무실을 찾아왔다. 나를 통해서 중고 건설 중장비를 사 가고 싶다고 했다. 못할 일이 아니라는 생각이 들어서 아는 중기 사무실도 있으니 잘 해보겠다고 약속했다.

그날 저녁에 대만 바이어는 나와 저녁 식사를 하고 인근 호텔에 투숙하게 되었는데, 같이 왔던 에이전트라는 분의 표정도 좋지 않았고, 중국어도 못해서 도움이 되지 않았다.

이튿날 호텔에서 호텔 조선족 직원을 통해서 전화가 왔다. 그 대만 바이어가 우리 사무실에 다시 와서 나를 만나고 싶다고 했다. 알고 보니 그 에이전트라는 사람은 그 대만 바이어의 에이전트가 아니고 대만 바이어가 김포공항에 도착하여 한 사람을 붙잡고 한국에서 중고 건설 중장비를 사 가고 싶다고 말하니 자기가 안내하겠다고 해서 중앙유통단지 근처에 있는 중기 사무실에 들렸고 거기에서 우리 회사를 소개받은 것이라고 했다.

그 이튿날 아침 차를 가지고 호텔에 도착해서 바이어를 픽업해서 사무실에 돌아왔다. 그 대만 바이어 이름이 Z씨다. 대만에서 Y 크레인이라는 회사를 운영하고 있고 한국이 IMF 사태로 인하여 중고 건설장비가 헐값에 팔리고 있다고 해서 사러 왔다고 했다.

영어도 모르고 아는 사람도 없고 자신감 하나로 호주머니에 달러를 가득 담아 가지고 왔다. 이런 행동은 그 이후에도 계속되었고 어떤 때는 공항에 그를 픽업 나갔다가 그가 세관에 붙들려 있어서 내가 공항 세관에 들어가서 돈의 용도를 설명해 주고 데리고 나온 적도 있었다.

나하고 대화는 영어 10%, 필담 30%, 몸짓 60%로 훌륭한 대화를 나눴다. 서로 이해를 했고 만족했다. 내 책상 위에 미화(美貨), 달러를 꺼내놨다. 적어도 2~3만 불 되는 돈이었다. 나보고 보관해 달라고 했다. 어떻게 이런 돈을 가지고 공항을 통과했는지 그것도 상상이 되지 않았다.

중고 건설 중기 거래가 여러 번 이루어졌다. 통역이 필요해서 통역을 사용했으나 Z씨는 통역을 신뢰하지 않았고 결국 대부분 나하고의 필담으로 끝냈다. 여러 번 자주 만나다 보니 서로 얼굴 표정만 봐도 뜻하는 바를 알아들었다.

Z씨는 대만 토착 원주민으로 선대로부터 내려온 농토를 많이 가지고 있는데 세월이 흘러 그 땅의 대부분이 개발되다 보니 큰돈이 되어서 대만의 은행에서도 그의 비중이 큰 것을 나중에 알았다. 심성이 밝고 담백한 사업가로 나와는 점차 좋은 친구가 되었다.

5. 드럭스토어 사업 제안과 온라인 몰의 시작

Royal Floor Mat의 작은 성공과 중고 건설 중장비 수출이 나에게 자신감을 줬다. 대형 할인점이 한국에서 시작할 즈음이라서 그랬던지 매트가 잘 팔렸다. 비슷한 형태의 발 매트를 가져다 놓아도 잘 팔려나갔다.

나름 이제 생각의 여유도 생겼다. 미국에서 여행 중에 만난 일본계 혼혈 미국인 M이 내 사업추진 내용을 듣고 기뻐했다. 자기와의 협업을 희망했다.

지푸라기라도 잡아야 할 나로서는 M을 잘 활용하는 것이 또 하나의 기회가 될 것 같았다. 그가 하는 사업은 미국 캘리포니아 제품 수출중개(network business)인데 한국에서 하는 다단계 사업은 아니었다. 캘리포니아 주정부에 연관해서 미국 상품의 수출을 동남아에 알선하는 업무였다. 주 제품군이 건강식품 화장품 종류였는데 상품으로는 우리와 연결되기 어려워서 시도하다 그만두기를 여러 번 했다.

내가 그에게 제안한 것은 미국식 드럭스토어(drugstore)의 한국에서의 전개였다. 내 사업이 어느 정도 자리를 잡아가니 어디 가서 명함 내놓기도 자연스러워졌다. 이제 어디 가면 말거리도 조금 생기고 주위에 그동안 만나지 못했던 사람들도 만나고 활동의 폭을 넓혀갈 때였다. 사업이라는 것은 그렇지만 어차피 연고를 활용하면 좀 편해질 수도 있다는 생각도 들었다.

B약품을 찾았다. 창업주인 K회장님은 안면이 있는 사이로 찾아가니 반가이 맞아주셨다. 내가 미국에서 돌아와 직장을 그만두고 사업을 시작했다는 것을 아시고 어려울 것이라 말하시며 자기가 도울 수 있는 일이 있으면 힘껏 도와주겠다고 하셨다. 나는 미국의 드럭스토어 개념을 설명해 드리고 B제약에서 나와 같이 이것을 추진했으면 좋겠다고 사업 제안을 했다.

그 당시만 해도 대부분의 사업 유형이 미국이나 유럽에서 시작해서 일본을 거쳐 한국에 들어오는 형태였다. 이런 사업이 한국에도 곧 들어올 것이니 제반 여건이 잘 갖춰진 B제약이 추진하면 성공 가능성이 높다고 설명해 드렸다.

K회장님도 많은 관심을 표시하면서 관련 기업인 B제약에 가서도 설명해달라고 부탁하셨다. B제약에 가서 회장님을 찾아뵈니 부회장과 이야기하는 것이 좋겠다고 해서 부회장과 이야기를 나누었는데 그 후 대화가 이어지지 않았다.

제약회사에서 유통사업까지 하기는 어렵다는 의미였다. B약품과 드럭스토어 사업을 추진하기 위하여 미국에 있는 M과 수시로 대화하면서 「medmore」라는 브랜드를 상표 등록했다. M이 미국에서 한국에 들어와서 B약품과 연결이 가능한 D제약에 가서 사업 프레젠테이션을 했다.

B약품과 D제약 모두 관심은 있었으나 '설마 이것이 정말 가능할까?' 하는 의심이 더 컸다. 한국에서 약국의 개설은 약사만이 할 수 있는데 그런 약사법도 문제가 되었다. 드럭스토어라는 것은 약국을 포함한 잡화점이다. 드럭스토어를 창업했을 때 체인화가 필수 불가결하며 그렇다면 체인스토어 점주는 대부분이 약사가 되어야 하는 데 약사가 그런 사업적 마인드가 있는 것도 아니고 사업이 약국보다는 커지는데 그런 자본력도 문제가 되고 약사가 초콜릿까지 팔아야 하느냐는 이야기까지 나왔다. 한국에서는 시기상조라는 말이 나왔다. 더 이상 추진이 어려웠다.

인터넷 쇼핑몰로 드럭스토어를 지향하는 메드모아(medmore. com)를 만들었다. 지금은 흔하지만 그때는 인터넷 쇼핑몰이라는 툴이 없어서 웹상에서 인터넷 쇼핑몰을 운영하려면 도메인을 등록하고 따로 웹을 제작해야 했다. 당시에는 기업들이 웹상에서 자사 홈페이지를 만들어 회사 홍보에 이용하는 정도였다.

인터넷 쇼핑몰 medmore.com은 당시 막 태생하던 온라인 쇼핑몰의 전 단계였다. 지금도 단독 인터넷 쇼핑몰로 명맥을 유지하는 몇몇이 있지만, 대부분이 대형마트나 백화점에 부속된 인터넷 쇼핑몰로 그 모기업의 이름 덕을 보아 이름이 쉽게 각인되는 몰이 대다수다.

인터넷 쇼핑몰로서 가치 있는 매출액을 이루고자 하면 막대한 광고비 지출을 해야 하지만 그 영업이익은 광고비를 충당하기도 부족하게 된다.

인터넷 환경이 급속도로 변하여 검색엔진이 인터넷의 포털(portal)화가 되면서 검색엔진 위주의 광고가 진행되었고 검색엔진이 아예 쇼핑몰을 만들게 되었다. 인터넷 쇼핑몰 업자들은 점차 검색엔진 내의 온라인 몰의 소매상으로 입점하였다. 인터넷 쇼핑몰 운영자들은 자신의 쇼핑몰을 폐쇄하고 상품 판매를 위하여 포털 사이트에 있는 온라인 몰을 전전하게 되었다. 인터넷 쇼핑몰의 온라인 몰로의 이전이 급속히 이루어졌다.

다만 대형 자본을 가진 일부의 인터넷 쇼핑몰은 스스로가 일정 부류의 상품 또는 온라인 몰의 포털화를 시도하여 성공하는 기업도 나타났다.

이후 「메드모아」는 여러 가지 모습으로 변천하여 현재에 이르고 있다. 인터넷 쇼핑몰 툴도 메이크샵이라는 앱을 이용하여 간편하게 재편하였고 자사 쇼핑몰로 사용하고 있는데, 상품을 전시만 하고 판매 기능은 관리상의 어려움으로 사용하지 않는다. 이 부분은 온라인 쇼핑몰을 이야기할 때 다시 언급하겠다.

6. 산만해진 마음, 그 대가를 치르다

IMF 사태 이후 사업이 다시 지지부진해지기 시작했다. 마침 손님으로 온 친구 한 명이 나를 보고 네가 무역을 잘하니 자기 친구 동생의 일을 좀 도와주었으면 좋겠다고 했다. 내가 무역을 잘한다고? 말도 안 되는 소리였지만 칭찬 같은 말을 뿌리치고 싶지는 않았다. 미국에서 실외 매트 좀 사다 마트에서 팔고, 중고 크레인 몇 대 수출했을 뿐인데, 나도 내가 갈 길을 모르는데, 내가 무역을 잘한다고? 희망 사항이지, 웃기는 말이었지만 부정하지 않고 받았다.

내용은 음료 대리점을 하는 친구 동생이 있는데 노래방에 주로 납품되는 무알콜 음료를 수입해 달라는 것이었다. 시장조사를 하겠다고는 했는데, 그 새로운 상품의 유통업체나 유통 규모 유통 과정 등의 파악이 어렵고 시장조사가 제대로 되지 않는 등 지지부진한 채 시간만 지나갔다.

몇 개월 시간이 흐른 후에 친구가 다시 찾아와서 자기 동생은 눈이 빠지게 기다리고 있는데 너는 뭐하냐고 오히려 짜증을 내고 나를 재촉했다.

그동안 새로운 아이템 하나를 찾는가 해서 기대를 했다가 자신이 없어서 멈추고 있었는데, 내가 우유부단해서 다른 사람이 피해를 보는 것 같았다. 내가 손해를 보더라도 다시 한번 시도해 봐야겠다는 생각이 들었다.

시카고에 있는 생산업체를 찾았다. 올드 밀워키(Old Milwaukee)라는 상호를 갖은 맥주회사였다. 나의 생산의뢰에 잘 응해주었다. 맥주 캔에 한국어 표기 디자인도 도와주었고 신속히 추진되었다. 시카고에 방문해서 제품 생산 과정도 지켜볼 수 있었다. 발주 단위가 크고 금액도 컸으나 곧 회수되리라는 생각으로 발주했다. 회사 내에서는 미국 회사에서 보내준 티셔츠, 모자, 입간판 등 각종 선전 물품을 미리 받아서 직원들에게 영업 준비를 시켰다. 대형 음료 회사로 변신하는 꿈도 꾸었다. 상품이 도착했다. 대형 컨테이너 다섯 개 분량이었다.

우선 발주자에게 알려서 상품을 받도록 했는데 3백만 원짜리 가계수표 한 장이었다. 그것만 받고 나머지는 추후에 주겠다는 것이었다. 할 수 없이 상품을 인도하고 나머지는 영등포에 있는 창고에 보관했다. 시간이 흘러도 상품이 빠져나가지도 않았고 창고료만 계속 늘어나게 되었다. 그 사람은 믿을 사람이 못 되는 것 같았다.

우리가 한번 팔아보자는 마음으로 음료 대리점들을 찾아다녔다. IMF 사태로 어렵게 된 사람들이 많았을 때였다. 이쪽 음료 대리점

업계는 IMF 사태와는 관계없이 처음부터 어려운 세계라는 것임을 깨달았다. 음료 사업도 어지간한 사업 정도나 되는 줄 알았는데, 완전히 새로운 세상이었다. 어렵게 대리점을 수소문하여서 얼마를 팔게 되면 소액에 그것도 외상 아니면 가계수표였다. 직원들의 사기는 떨어져 분위기는 엉망이 되고 회사가 와해될 지경이었다.

진주에 있다는 수입의뢰자를 찾아갔다. 전화를 하고 매장이라는 곳을 찾아가니 주택에 붙어있는 가게 같은 창고였다. 택시를 타고 가서 도착했는데 아무도 없었고 전화하니 그제야 나타나는데 트레이닝복에 슬리퍼 차림이었다. 변명인즉 자기들의 거래처인 노래방은 야간 영업을 주로 하기 때문에 보통 낮에는 잔다는 것이다. 작은 창고 내에는 이것저것 음료수들이 널려있었다. 그중에는 내가 그토록 심혈을 기울여 수입한 무알콜음료 올드 밀워키도 있었다. 우리가 보내준 모자와 티셔츠 입간판도 널려있었다. 분노를 느꼈지만, 우리 것을 다 팔아주기로 한 그 사람의 태도에 더 기가 질릴 판이었다. 대화가 필요 없었다. 여기서 이 사람과 무슨 대화를 하겠는가? 우리가 이 사람을 격려해야 할까? 열심히 팔아달라고 부탁할까? 언제 더 가져갈 거냐고 물어볼까? 부질없는 짓이었다. 아무 말도 하지 못하고 되돌아 나왔다.

1998년 연말을 그렇게 보내고 새해에 들어서야 결단을 했다. 직원들에게는 음료 판매를 중지시켰다. 창고료라도 줄이기 위해서 상품 처리를 다방면으로 물색했다. 서울시 「사랑의 열매」에 전화했다. 이런 상품이 있는데 기부 받을 생각이 있는가 물었다. 다행히 기부를 받겠다고 했다. 그것도 서울 시내에 있는 여러 노인복지관에 직접 배송해 주는 조건으로 했다. 음료이기 때문에 무게도 많이 나갔다. 화물차 여러 대를 수배하여 서울 시내 각지에 있는 노인복지관에 배송하고 결국 이 사업은 기부하는 것으로 끝을 냈다. 다섯 컨테이너를 수입해서 네 컨테이너를 그렇게 보냈다.

이 음료사업 실패는 나를 깨어나게 하였다. 한두 아이템의 성공으로 자만한 것은 아니었지만, 정확한 시장조사도 하지 않고 합리적인 근거도 없이 한 의사결정이 얼마나 어려운 문제를 만드는지, 내가 해결할 수 없는 것은 그 누구도 해결할 수 없다는 것을 절감케 했다.

나는 못 해도 저 사람들은 어떻게든 할 수 있을 거라는 생각, 저 사람들에게는 신의 한 수가 있을 거라는 생각들이 이 얼마나 어이없는 생각이었는지….

7. 창업에 대하여

나의 창업에서 위와 같이 내가 맞닥뜨렸던 여러 가지 시도 방황 시행착오를 보면서 나름대로 여러 가지를 느꼈을 것이다. 창업이 이렇게 어렵다.

'창업(創業)'의 사전적 의미는 다음과 같다. 1) 나라나 왕조 따위를 처음으로 세움 2) 사업 따위를 처음으로 이루어 시작함(네이버 국어사전)이다.

세상에 없는 것을 새로 만든다는 것은 아니다. 세상의 일반 섭리에 따라 힘의 작용으로 뭉쳐졌다 흩어졌다 하는 현상이다. 세상에 권력 의지로 나라나 왕조가 세워졌다 없어졌다 하는 것처럼 기업 의지로 새로운 아이디어가 나와서 사업이 형성되어 시작된다.

'벤처' 또는 '스타트업'이라고도 하며, 기술 창업, 서비스 창업, 외식 브랜드 프랜차이즈 창업, 판매 대리점 창업 등으로 시작될 수 있다.

기존 업계 기득권의 반발, 갈등으로 좌초되기도 하고 타협으로 변질되어 창업이 가진 생명력을 잃을 수도 있다.

진입 장벽에 따라서 블루 오션, 레드 오션으로 분류하기도 하며 블루 오션은 진입 장벽이 높으나 진입하면 생존 가능성이 높고 진입 장벽이 낮은 레드 오션 지역은 진입은 쉬우나 경쟁이 심하여 생존이 어렵다.

이러한 경제 생태 환경 속에서 창업의 의지가 꺾여 창업이 소멸한 사회는 어떻게 될까? 기왕에 존재하고 있는 대기업 위주의 풀한 포기 안 나는 삭막한 세상이 되어 버릴 것이다.

대기업 위주의 세상은 사회의 다양성이 적응하기 어렵고 획일화되고 대부분의 사회 구성원은 그 대기업들에 속하게 된다. 사용하는 제품이나 서비스도 그 대기업에 의존하게 되어 그 소비자가 되면서 사회 전체가 그 그늘에서 벗어나지 못한다.

상상해 보라. 예를 들어서 삼성, 현대, 엘지 아파트에 살고 집안 가전제품은 그 회사 제품이며 자동차는 삼성, 현대이고 주유소도 엘지, 현대이고 사무실에서도 그 회사 가전제품을 사용하고 핸드폰도 삼성, 엘지 제품을 사용하고 회사도 삼성, 엘지, 현대 관련사에 다닌다고 상상해 보라.

사회의 다양성 부족으로 약자와 소수자는 질식할 것이요, 외국의 경제, 과학 기술 등의 사회 발전을 먼 나라 일로 영화 보듯 이 바라만 봐야 할 것이다.

최근에 나라가 저출산으로 크게 문제 되는 것처럼 사회 경제는 큰 문제에 직면하게 될 것이다. 저출산으로 국가 소멸을 걱정하는 것처럼 창업이 없어지면 결국은 사회 활력이 없어지고 언젠가는 경제의 소멸도 걱정하게 될 것이다.

죽는 숫자보다 새로 태어나는 숫자가 많아야 세상에 활력이 생기고 변동성으로 사회가 움직일 수 있다. 기업도 꾸준히 사회 환경의 변화로 인해 도태되고 사라지고 또 다른 기업의 창업으로 그 자리가 메워져야 경제가 성장한다.

최근에 평생직장 개념이 사라지고 평균 수명이 늘어난 만큼 40대가 꿈꿀 수 있는 선택지는 크게 세 가지가 있다. 1) 질 좋은 대기업으로 이직 2) 재테크의 성공으로 조기 은퇴하는 파이어족 3) 창업하는 방법

40대의 제2의 인생도전으로서 현실적인 가능성은 이직과 은퇴보다는 창업이 가능성 큰 선택지가 될 것이다. 이직과 은퇴는 좋은 보상이나 무한 경쟁 사회에서 많지 않은 경우에 해당될 것이다. 창업 또한 성공하여 80까지 이어간다면 이직과 은퇴 못지않은 인생의 로망이 될 것이다. 창업자로서 후손에 넘겨줄 근거도 되고 자수성가했다는 찬사도 인생에 덧입혀질 것이다.

창업에 대하여 좀 더 생각해 보자. 창업이라 말하면 쉽게 개인사

업자, 자영업자가 떠오를 것이다. 또한 코로나 팬데믹 이후 지금에 이르러서는 자영업자라는 말은 어려움의 상징 즉 밥 먹고 살기 위해서 어렵고 힘들게 사는 사람 정도로 여겨질 수도 있다. 사회가 풍요로울 때는 직장인이 경제적 정신적 자유를 위하여 쉽게 자영업 창업을 생각할 수 있었고 나름 간편한 창업으로 성공하여 자유로운 생활을 즐겼던 것 같다.

그러나 코로나 팬데믹을 거치고 불경기로 이어지면서 사회는 생존하기 힘난한 환경으로 변화되었다. 특별한 기술 없이도 창업이 가능할 것이라고 생각하여 그전에는 만만하게 생각했던 치킨, 피자, 호프마저도 개업해 봐야 그 수명이 2~3년이다. 자본이 좀 더 드는 카페도 음식점 편의점도 결국 몇 년이면 손을 털고 나와야 하는 형편으로 투자 실패 확률이 높아졌다.

이전에는 상가 1층이면 임대도 잘 되고, 권리금도 대단했었는데 그 상가들이 이제 사업자를 찾지 못해서 비어가고 있다. 상가 1층에서 가능한 업종이 겨우 약국, 부동산, 미장원, 카페 정도로 변하였다. 그만큼 창업한다는 사람들의 선택지도 줄어들었다.

직장에서 창업으로 내몰리는 40대, 어디로 갈 것인가? 창업을 생각하며 적어도 현재 생활 수준의 유지 또는 현재보다 좀 나은 수준의 경제생활을 꿈꿀 것이다. 운이 따라주면 은퇴 후에 부부가 크루즈를 타고 세계를 유람하는 꿈도 꿀 것이다.

우리 생각 속에는 10%대의 투자 수익률이 나오는 예정된 미래에 대한 환상이 자리하고 사업을 구상하면서도 마지노선으로 그렇게 생각한다. 그러나 현실은 그렇지 않다. 창업 시에 창업 자금을 효율성이 있는 만큼 충분히 투입하기도 어렵다. 검증되지 않은 사업에 자기 재산을 올인(all-in)하기에는 위험이 너무 크다. 그래서 1억 얼마로 시작하는 사업 업종에 투자가 많이 몰린다. 그러나 그런 소규모의 창업은 창업자의 진출입이 잦고 창업자는 불안정 상태에 놓이게 되고 성공하기도 어렵고 성공한다 하더라도 그 기간이 짧다.

치킨집 2~3년도 그런데 사업은 더더욱 그렇게 되지 않는다. 사업자의 미래는 예정된 것도 결정된 것도 없다. 모든 것이 새로운 항해로 그 바다에 순풍이 불지, 어떤 태풍이 불어올지, 출발도 못할지 아무것도 모른다. 창업자가 갖는 사장으로서의 화려한 꿈은 그저 꿈으로 끝나고 창업자의 생활 수준은 하락하여 자기 인건비도 건지기 힘든 고단한 생활이 계속되기 쉽다.

체면 때문에, 시간에 쫓겨서, 기존의 실패가 사회적으로 충분히 검증된 일을 스스로가 다시 시도해서는 안 된다. 세상에 정직하고 성실하게 대면하여 충실히 이해하는 것이 필요하다. 남에게는 어려워도 내가 할 수 있는 일이 있고, 아무리 쉬운 일이라도 내가 할 수 없는 일이 있다.

세상의 어떤 물건이나 서비스가 누구에 의해서 언제, 어디서, 어떻게 만들어지고 사용되는지 그리고 거기에서 내가 할 수 있는 일이 무엇인지를 찾아내야 한다. 이것이 내가 아는 창업의 시작이다.

제2편

성공

성공

1. 성공의 의미와 여러 가지 조짐들

성공은 말하기 어렵다. 모든 고생의 집합체도 아니고 자랑하고 싶은 이야깃거리도 아니고 어느덧 슬며시 비춰졌다가 사라지는 신기루 같은 현상이다.

1994년에 내가 땅에 묻었던 금덩어리가 비바람에 씻겨나간 대지 위에 서서히 나타났다. 이 신념으로 나는 살아왔다. 금은 아무리 오래 땅속에 묻어놔도 썩지 않는다. 흙이 되지도 않는다. 여러분도 이를 한번 시험해 보시라. 당신이 금인 것을 확인해 보시라. 아무리 아름답고 훌륭하여도 금이 아닌 겉칠만 금으로 한 것은 세월에 따라 부서지고 다시 흙으로 돌아갈 것이다.

2005년부터 2015년까지를 성공이라고 하는 여러 가지 조짐들이 나타났다. 1994년 8월에 창업하여서 10년이 지나서야 남들한테 소위 성공했다는 소리를 듣게 되었다. 산더미처럼 밀려오는 상품들이 팔려나가고 그 품목이 계속 늘어나면서 또 계속해서 발주가 나갔다. 창고에 가서 그 상품들이 움직이는 것을 보면서 자신감과 성취감도 커져갔다. 중국과 대만에 대한 수출도 좋았다. 매출액은 늘어나고 현금과 예금, 적금 잔액이 늘어났다. 기업 평가 신용도가 좋아져서 주위에 있는 은행에서도 거래 유치를 위해서 우리 회사를 방문했다.

법인 전환 후 그 해 말에 맞은 IMF 사태는 세상에 만연한 거품을 걷어 내었다. 법인 전환하자마자 회사의 문을 닫아야 할 형편일 수도 있었지만 나 같이 요령 없는 사람에게는 복잡한 경우의 수가 많이 사라져서 계획과 전략과 실천이 오히려 용이해졌다. 성공 시기에는 문제가 생겨도 잘 해결된다. 설령 해결이 안 된다 해도 크게 문제가 되지 않고 대처할 수 있는 수단이 많이 생긴다.

IMF 사태를 지나면서 우리의 주력 거래처인 마트가 매장을 확대해 나갔다. 새로운 형태의 신업태 유통업을 하는 해외 여러 업체가 우리 시장에 진출했다.
이 시기에 재벌기업 계열사 대형 할인점이나 외국 계열 대형 할

인점 위주로 유통 채널도 재편되었다. 이들과의 협업이 우리에게
는 매출 증대로 이어졌다.

중국과 인도의 제조업체들도 우리와 거래하기를 원했다. 새로운
디자인을 개발하고 샘플을 제작하여 우리에게 보내왔다. 이에 대
응해서 회사에서는 직원을 해외 공장에 파견하여 공장의 생산 능
력과 품질 관리 등을 점검하고 생산 관리에 힘을 써서 품질의 고급
화에 노력했다. 또한 중국, 일본, 독일의 유수한 제품 전시회에도
참석하여 원자재의 개발 변화에 적응하고 패션의 흐름에도 민감하
게 반응했고 공부했다. 또한 영업하면서 직원들은 우리 회사의 상
품 품질이 최고임을 스스럼없이 내세웠다.

우리 회사는 상품 판매에 있어서는 우리가 최고의 판매자임을
자랑스럽게 생각했다. 우리가 어떤 상품을 매대 위에 가져다 놓아
도 그 상품은 팔린다는 만용 같은 생각조차 들었다. 국내 제조업체
들도 우리 회사에 납품하여 판매하는 협력업체가 되기를 원했다.
우리 회사에 제품을 납품하면 그달 마감해서 다음 달 말일 이전까
지는 무조건 납품 대금을 현금으로 받을 수 있었으니, 자기들이 직
접 다른 쇼핑몰에 판매하는 것보다 안전하고 빠르게 매출 대금을
회수할 수 있었기 때문이었다.

IMF 사태로 인한 중소, 대기업 퇴직자들이 새로운 진입자로 시장에 들어왔다. 그들은 시험적으로 한 컨테이너의 상품을 수입하여 판매가 잘 되면 계속하고 잘 안되면 염가 처분 후 그 업종에서 떠나는 부류의 진입자로 그런 상품들도 여러 번 팔아주었다. 대기업 근무자 중에는 퇴직하여 그 계열사인 우리 판매처에 안면으로 영업하며 우리와 경쟁하다 포기하는 경우도 있었다. 무역 유통업에 대거 신규 업자들이 진입하게 되니 납품을 위한 경쟁은 IMF 사태 전보다도 더 치열해졌으나 오히려 나에게는 편한 아마추어 같은 상대들이었다. 우리는 나름 안정적으로 정착하였고 체계적인 경영 시스템을 갖출 수 있는 시간이 있었기 때문이었다.

회계 프로그램도 회계 법인과의 호환성과 경리 회계 직원이 바뀌게 되는 경우에 인수인계의 편의성을 위해서 더존 회계 프로그램으로 바꿨다. 회계 법인에서 매 월말 실적을 리뷰해 주어서 경리 회계에서 오류 발생을 최소화하고 매월 회계자료를 영업자들에게 회람하며 성과를 평가했다. 중소기업 대부분이 사용하는 프로그램을 사용함으로써 담당 직원의 잦은 변동에도 안정되게 회계팀이 운용되었다.

급여 체계도 호봉제에서 연봉제로 변경해서 직원들이 성과에 맞는 보상을 받게 했다. 현실적으로 대기업의 네임과 직위가 벼슬화되는 상황에서 자존감이 부족한 중소기업에서 급여로라도 어느 정도 만족감을 주고 싶었다.

직원들의 근로 환경 개선과 일하고 싶은 분위기 조성을 위해서 물질적인 지원을 아끼지 않았다. 등산 체육대회 휴양시설에서 직원 단합을 겸한 워크숍 등으로 직원들의 자존감을 높였다. 직원들의 연수와 자질 향상을 위해서 외부 교육기관 학원 등의 수강을 장려하고 교육비를 전액 지원해 주었다. 직원들의 업무 역량 강화를 위하여 해외 전시회를 참관하게 하고 해외 공장을 분기별 또는 계절별로 방문하여 해외 생산 관리의 경험을 쌓게 하였다.

지역에서는 지역 상공회의소 가입 초청 등이 있었고, 봉사단체와 나눔 행사에도 초청되었다. 기업의 사회적 역할에 대하여 적극적으로 임하여 지역 어르신들의 좋은 평판도 얻었다. 회사의 역량과 평판이 성공의 여러 가지 조짐으로 나타났다.

2. 해외 전시회 참가와 상품 개발

우리 회사는 점차 가정 주거 생활용품 홈퍼니싱(home furnishing) 업체로 자리 잡게 되었다. 회사 시스템이 정비되고 직원들도 안정되었다. 회사 스스로 상품을 개발하기 시작했다. 국내 재래시장에서 판매되는 상품을 마트나 백화점에서 판매하기 적합하게 규격화하고 그 위에 패션을 입혔다. 이로부터 우리 회사의 상품군(群)이 많이 확대되었다. 대형마트에서도 우리 회사가 중요 협력사로 자리매김했다.

우리 회사는 해외에서 상품을 수입도 했지만 국내 상품 개발에 주력했다. 이때 나를 충격에 빠뜨리는 조그만 해프닝이 협력업체에서 일어났다. 우리 협력업체가 일본에서 기계와 기술을 가져와서 극세사 제품을 개발했다. 상품개발, 아이템 개발이 절실했던 우리 회사는 내 일처럼 좋아했고 기대를 많이 했다. 때가 되어 시제품이 나왔다. 시제품을 보니 기술적인 문제로 상품으로서의 완성도가 많이 떨어졌다. 재단하는 칼이 문제가 있어서 군데군데 쥐가 파먹은 것 같았다. 때가 되면 개선되리라는 기대로 우리는 영업을 진행했다. 개발된 최초 상품을 마트에 납품하기로 되어있었다.

납품 전날, 최종 샘플이 다시 왔는데 문제가 개선되지 않았다. 공장 대표에게 전화하여서 문제점을 이야기하니 벌컥 화를 내면서 자기들이 얼마나 고생했는데 납품을 앞두고 제품에 흠을 잡느냐며 사과하지 않으면 제품을 출고시키지 않겠다고 했다. 어이가 없었다. 내용도 그렇지만 사람이 너무 변했다. 완전히 남이었다. 많은 생각을 했지만 어쩔 수 없었다. 당장 납품하지 않으면 미납 페널티도 생길뿐 아니라 차후에 제품이 개선되어도 납품이 어려워질 수도 있어서였다. 제품 불량에 내가 책임지리라는 생각을 하고 공장 대표에게 전화해서 내키지 않는 사과를 하고 납품을 받았다. 내가 느끼는 심적 충격은 컸다. 앞으로도 이런 억지를 계속 받아야 하는가? 서로 간의 의리로 같은 종류의 상품은 해외에서 수입도 안했는데, 사람이 너무 변했다. 우리가 성장하게 되니 견제에 나섰다는 기분이 들었다. 공장에서 돈을 줘도 물건을 안주겠다는 사태가 생기면 큰일이다. 지금 현재는 문제가 없고 일시 수습했어도 사업의 존폐를 걱정할 상황으로 변할 수 있을 것이라는 생각이 들었다.

협력 공장의 태도가 나를 변화 시켰다. 사업 시작 후 관련 상품 수입을 위하여 해외 전시회에 나가본 적도 없었다. 그렇게 해서 거래처가 형성될까? 회의적인 생각도 컸다.

이제, 회사에서 취급하는 상품 품목 수가 많이 늘어났으나 현실적으로는 여전히 상품공급을 타사에 의존하는 대리점 영업이 주가 되었다. 자기 상품 개발 필요성이 점차 증대하여 갔다. 대리점으로 유통 채널을 확보한 상태에서 대리점 상품 판매과정에서 틈새 시장에 적합한 자기 상품을 개발하여 유통시키며, 제품의 개발, 기획, 생산 능력을 갖춰서 자기 상품부문을 점차 확대하고 타사 상품의 문제나 단절 시에는 대체 상품을 개발할 수 있는 능력을 갖춰가야 한다. 그 타사 상품을 계속해서 판매한다 하더라도 점차 공급자를 복수화(dual system)하여 아이템 리스크를 줄이게 된다.

회사에 상품기획력과 판매망이 형성되어 있으면, 국 · 내외 공장을 섭외해서 적합한 공장에서 필요한 제품 생산이 가능하다. 특히, 해외 공장은 전시회, 박람회 등을 참관하여 적절한 공장을 찾을 수 있다.

자기 상품 개발 전에는 타사 OEM(주문자 상표 부착 생산) 생산을 통해서 자기 상품 생산역량을 확보하는 것이 중요하다. 자기 상품을 기획, 생산하면서 상품 기획력과 공장 운용 능력(노하우)향상으로 지금껏 타사 대리점 역할에서 자사 상품으로 자사가 대리점을 거느리는 형태로 변하게 된다. 자사 브랜드(brand)가 있으면 더 유효하다.

특히, 최근에는 OEM으로 소규모의 자기 상품 제조를 원하는 업체들이 많이 생겨난다. 이들 업체에 대한 제품 공급도 또 다른 판매시장으로 떠오른다. 대규모 온 · 오프라인 쇼핑몰 업체의 자기 브랜드(private brand) 상품, 연예기획사 또는 스포츠 마케팅사의 기념상품(goods) 등으로 확대된다.

중국은 H그룹하고도 교류를 하고 있었으나 큰 기대는 하지 않고, 상해 도모텍스 전시회에 갔다. 전시회에 참가한 후 내 생각과 상상이 얼마나 안일하고 잘못된 것인가를 절감했다. 세계의 많은 공장들이 부스를 차리고 상품을 설명하며 새 거래처를 맞이하는 것을 보니 가슴이 뛰었다. 새로운 기회를 이곳에서 보는 것 같았다. 시간을 내서 공장에도 방문해보니 말로 듣던 중국이 아니었다. 세상은 넓고 할 일은 많다는 말이 실감났다.

이후 우리는 많은 해외 전시회에 참가하게 되었다. 상해, 홍콩, 프랑크 프루트, 하노버, 시카고, 도쿄의 전시회에 참가하여 여러 업체들과 거래를 하게 되면서 상품의 질과 패션이 많이 개선되었다. 이 당시에 개척하였던 해외 업체들 예를 들면 인도의 시브삭티, 이에스피, 중국의 후이도, 창슈, 밍싱 등 공장들은 지금까지 대부분 대를 이어 거래를 유지하고 있다.

[인도 거래처들]

　시브삭티는 인도 말로 「신에게 바친다」는 의미라고 해서 처음에
는 업체가 너무 종교적이면 어쩌나 하는 생각을 했는데 그 생각은
기우였다. 가장 확실한 원가 의식에 서구 자본주의 언어가 가감 없
이 통용되고 카스트 제도도 잘 작동을 하는 근대화된 업체였다. 처
음에는 이에스피라는 무역회사 형태의 제조업체와 거래했는데 점
차 세월이 가면서 서로 상대방의 한계를 인식하게 되었고 결국은
시브삭티가 우리의 메인 생산업체로 역할을 하게 되었다. 생산 규
모는 대단한데 생산 시설과 작업 환경은 열악하여 수작업에 의한
공정이 대부분으로 근로자들은 열악한 환경에서 장시간 근무하는
전형적인 그런 공장이었다. 그로 인하여 가끔 상품에 문제(먼지)가
생겨서 우리와 갈등도 있었다. 그러나 업무 추진력이 대단하여 거
대한 발주에도 납기를 대부분 맞춰주는 인도에서 몇 안 되는 공장
중의 하나였다. 시브삭티는 매트, 러그 이외에도 철강 공장 식품 공
장 등에도 투자하여 현지에서는 대단한 부를 축적한 기업 집단으
로 성장하였다.

　이에스피는 자체 생산보다는 수출 중개 쪽이 강하여서 나름 이
용 가치가 높았고 다른 업체들도 있었는데 한국 IMF 사태 때 대구

에서 헐값에 팔려나간 섬유 관련 기계로 섬유 제품을 생산하여 한국에 수출하고 있었다.

인도산 제품은 값이 싸고 앤틱 소품 같은 생각으로 많이 팔렸는데 대부분이 재생 섬유를 사용하여 먼지가 많이 나고 쉽게 해져서 안 팔릴 때는 정말 표현대로 걸레 취급을 받았다.

[중국의 거래처들]

중국 거래처의 기본은 후이도이다. 그러나 후이도와 거래하기에는 시간이 많이 필요했고 생산 스케줄을 잡기도 어려웠다. 후이도는 매트 업계에서는 「삼성전자」로 통한다. 공장 규모가 크고 생산 시설이 기계화 되어 있고 신소재 제품 생산을 주도하고 제품의 품질이 안정적이고 우수하다.

대만 출신 사업가가 중국 국경이 열리자 본토에 투자하여 만든 공장이었다. 현대적인 생산 시설과 운영 방식으로 제품을 고급화하여 주로 미국이나 일본의 유통 업체에 고정적으로 제품을 수출해왔다. 공장 용량 문제도 있지만 거래처 늘리는 것을 꺼려서 아무나 돈을 준다고 해서 생산해 주지도 않았다. 우리도 생산 일정에

끼어들기 쉽지 않았는데 어떻게 거래를 트게 되었고 한국 업체로는 우리 회사와 균일가 업체인 D사에만 제품을 공급한다. 많은 한국 업체들이 거래를 요청했었으나 거래를 하지 않았다.

우리와는 20년 이상을 거래하면서 사주와의 좋은 관계로 사주(社主)가 사망한 이후에도 그의 아들과 거래를 이어오고 있다. 요즘에는 회사가 성장하여 호텔도 경영하는데 내가 가면 사장은 돌아가신 자기 아버지 친구 오셨다고 그 호텔 스위트 방을 내주곤 한다. 공장이 닝보(寧波)에 위치해서 공장 방문 시에는 상해 또는 닝보 공항을 이용한다. 한국 개인사업자들이 가기 좋아하는 이우(義烏)도 닝보 공항을 이용하면 편리하다.

밍싱이라는 거래처는 사장이 후이도와 형제지간으로 나에게는 각별하다. 무엇이든지 내가 원하는 대로 해주겠다는 마음을 나에게 표현하고 그렇게 행동 한다.

창슈라는 거래처는 사장이 원래 섬유기계 영업사원 출신으로 최신 제품을 많이 생산하고 한국에도 여러 거래처를 가지고 있으나 우리 회사가 언제나 주력이다.

상해에 몇 거래처가 더 있는데 나름대로 장점이 있어서 거래를 계속 유지해 오고 있다. 중국 소규모 생산 업체에서 여러 가지 상품을 매입하는데 처음 거래 시에 계약금 등을 요구한다. 그러나 그들은 꽌시(關係)를 중하게 여겨서 닝보, 우시, 쑤저우, 상해에 있는 우리의 거래처들이 보증을 해주면 모든 절차가 쉽게 넘어 간다. 한국보다 더 장사꾼적인 신용사회다. 그 신용을 인정받기 까지가 시간이 걸린다.

전시회 참가는 나에게 많은 기회를 주었다. 좋은 공장에, 좋은 생산 시설을 만날 수 있었고 이를 기반으로 내 마음껏 원하는 상품을 만들어서 시장에 낼 수 있었다. 대리점 위주의 상품 구성에서 스스로 책임 있는 상품 개발로 생각이 변했다.

새로운 원자재, 새로운 기계 시설, 공장의 젊은 근로자들을 보면 나는 가슴이 뛰고 흥분되는 마음을 주체하기 힘들었다. 공장 근로자들은 우리와 국적도 다르고 말도 안 통하지만 나의 생각을 이해하는 것 같았다. 그들과 공장에서 제품을 만들고 같이 일할 때 행복을 느꼈다.

3. 사옥 건축과 물류창고 확장

회사 사업 부문이 마트와 신업태 매장 영업, 도매 재래시장 영업, 골프용품 영업, 온라인 영업으로 체계화되었다. 회사 사업 부문과 매출이 늘어나니 창고와 사무 공간이 점차 더 필요해졌다.

마트와 신업태 매장에서의 판매 확대와 여타 대형마트에 대한 납품영업 활성화에 따라서 물동량이 늘어나고 직원이 늘어나니 현재의 사무실과 창고로는 비좁고 업무의 효율성이 떨어졌다. 나의 평소 생각은 「부동산은 빌려서 사용하고 돈은 돈이 되는 사업에 투입해야 한다」였다. 자금을 부동산에 사장시키는 것은 어리석다는 생각을 했다. 그러나 부득이 했다.

마트 납품 물량이 증가하니 마트 납품은 선행물류 시스템 이용으로 창고회사를 이용했다. 부산이나 인천에서 통관해서 컨테이너를 올리는 것도 편하고 마트별 각 점포별 배송이 용이해서 직 배송보다 편리해지는 창고회사 물류시스템을 이용하게 되었다. 점차 시스템이 변화하여 통관회사, 창고회사, 마트의 물류 시스템의 연결로 회사의 행정적인 업무가 줄어드는 장점은 크나 갈수록 물류비용이 증대하여 현재에는 마트 매출의 고정비용으로 자리 매김하였다.

상품의 수입 비중이 증가하니 창고에서 재고 관리에 문제가 생겼다. 제로 베이스(zero bases)의 재고 관리 시스템을 원칙으로 하였는데 해외 수입의 경우 발주기간 운송기간 늦은 납품에 대한 페널티 등으로 창고 보관 재고가 늘었다. 매출액의 60~70%가 해외 조달이니 이 물류창고 의존 비중이 점차 늘어갔고 점차 상품 재고 관리가 큰 문제로 부각되었다.

도매영업과 골프용품, 온라인 사업의 재고는 사무실 인근에 소재하는 임차 창고를 이용했다. 그러나 창고가 이리저리 분산되어서 효율적이지 못했고 상품의 입출고를 위해서는 도롯가에 1층의 건물이 필요한데 건물주 입장에서는 1층을 창고로 임대하면 건물이 죽기 때문에 창고로 임차하기 어려웠다.

출근하면 임차할 건물 보러 다니는 것이 일과였다. 우리가 필요로 하는 창고 겸 사무실은 컨테이너 차량이 들어가 하역을 위하여 주차할 수 있는 건물이어야 해서 선택의 폭이 더 좁아졌다. 생각을 많이 하다 보니 '우리가 그런 건물을 직접 짓는 것이 어떨까' 하는 생각이 들었고 좀 낙후 되었지만 조건에 맞는 위치가 발견되었다. 개발은 덜 되었지만 고속도로로 사통팔달에 인접된 지역이었다.

경기·인천 개발 지역보다 비교적 부동산 값도 싸고 약간 낙후되었으나 지하철역과 가까워서 직원들 출퇴근도 용이하고 부동산 개발로 호재도 예상되어서 우리에게는 오히려 유리한 점이 많았다.

오래된 낡은 구옥이었는데 땅이 반듯하고 주변 환경도 깨끗하고 좋았다. 주인 할머니가 주택에 대하여 애착을 많이 갖고 계셨으나 개발할 능력이 없었고 주변 환경이 변하여 낙후 주택으로 남아있기 어려운 지역이었다. 할머니의 주택에 대한 애착이 너무 커서 서운한 마음을 달래 드리려 계약하면서 값을 조금 더 올려 드렸다.

2004년 가을의 일이었다. 건물을 신축하려다 보니 여러 가지 토지 이용규제 사항이 있어서 주택을 구입하고 즉시 건축하지 못하고 해를 넘겨 2005년 봄에 건물 신축을 시작하게 되었다. 60평의 대지 위에 3층, 100평 정도의 사무실 용도로 계획했고 1층은 창고를 겸해 사용 가능하게 생각했다.

건축업자를 정하여 설계한 후 건축 허가를 받고 3개월 정도의 시간에 건물이 완성되었다. 건물을 처음 짓는 것이라 짓고 나서 아쉬움도 많았지만 튼튼하고 깔끔한 건물이 되었다. 건물을 지으면서도 은행에서 해외 건설 기성고 대금 지급(건축된 만큼 확인하여 대금을 지급하는 방식)하듯 진척 정도에 따라서 1주일, 10일 단위로 건설 자금을 지급하였다.

건설하기 전에 건축업자와 약속했다. 대금과 이윤은 정확히 맞춰 줄 테니 내게 건축대금 받아서 다른데 유용하지 말고 내 건물 건축에만 정확히 사용해달라고 했고 또 그렇게 이행했다. 건축업자도 자금 부담 없이 공사를 진행했고 공사가 완료된 뒤에는 건축 대금 잔액을 하자보증금 유보 없이 모두 지급하여 인건비, 자재대 등을 제때 지급할 수 있게 해주었다. 건축업자는 고맙다는 뜻으로 건물 앞면을 계약에도 없는 대리석으로 추가 시공하여 멋지게 치장해 주었다. 고마운 일이었다. 서로 상식이 통하는 추억이었다.

2005년 7월 15일 건물 낙성식을 하고 입주하였다. 자가 건물을 갖게 되니 좋았다. 사원 모집도 훨씬 용이했다. 중앙유통단지에서 사원 모집 할 때 어떤 때는 사장인 내가 면접 당하는 기분이 들 때도 여러 번 있었으나 자가 건물을 갖고 나니 당당해졌다.

사옥을 신축하여 입주 후 5년 정도 지나니 건물 면적이 더 필요하게 되었다. 당시에 부동산 붐이 일어서 부동산 가격은 천정부지로 올랐다. 우리 사옥이 있는 이 지역은 세상의 그런 붐과는 연관이 없어 보일 정도로 조용했지만 지역 주민 특히 주택 소유자 간에는 갈등이 많았다.

토지의 경계와 서로의 이해관계가 맞물려서 움직이다 보니 아무리 작아도 해결이 쉽지 않았다. 그런 지역에 내가 이방인으로 들어 온 것이다. 나는 지역 주민들과 구원(舊怨)이 없었고 이해관계에 얽히지도 않았으니 서로 편한 상대였다. 주민 간의 몇 가지 갈등도 해결해주니 자기들의 이야기도 스스럼없이 하는 편한 상대가 되었다.

하루는 우리 건물 뒷집 주인이 지나가다가 나를 보고 자기 집을 좀 사달라고 했다. 뜻밖이었으나 친근감으로 그렇게 하겠다고 했다. 사무실에 있는데 두 세 시간 후에 그 집주인한테서 전화가 왔다. 오늘 부동산 매매 계약을 하고 싶다고 했다. 갑작스런 일이었다. 그 집으로 가니 부동산 매매계약서를 준비하고 있었다. 날인하고 계약금은 나중에 줘도 된다고 했다.

조금 생각하고 마침 우리도 창고가 더 필요해서 이 집을 사서 개조해서 창고로 사용하면 좋겠다는 생각으로 제시하는 가격으로 계약을 맺고 예금 계좌번호를 달라고 해서 사무실에 돌아와서 즉시 계약금을 송금해 주었다.

나중에 알게 된 내용인데 그 옆집에 팔기로 하고 계약서까지 준비했다가 그 약속을 어기고 동일한 조건으로 나와 계약을 한 것이었다. 그동안 다퉈왔던 그 옆집에다 집을 팔고 이사하면 그 옆집한테 쫓겨나간다는 생각을 강하게 했던 것 같다. 이는 하나님께서 내게 주신 하나의 그루터기가 되었으니 그 섭리 또한 오묘하다. 훗날 코로나 팬데믹 이후 이로 인해서 회사가 존립할 수 있는 기반이 되었다.

주택을 인수받은 후 구청에서 대수선과 근린생활시설로의 전환을 허가받아 주택 내부를 거의 뜯어내다시피 했고 우리와의 담도 일부 허물어 이용하기 편리하게 했다. 이웃 주민들이 공사 진행 중에 진정과 말도 안 되는 항의 등에 어려움도 있었지만 대체로 순조롭게 진행되었다. 문제가 생겨도 그 문제가 잘 해결되는 것이 성공의 조짐 중의 하나이다.

우연치 않은 계기에 안정적인 창고를 확보하게 되어서 창고 비용도 절감이 되었고 인건비와 물류비도 절감되었다.

4. 꽃이 피고 열매가 열리다.

[상품부문]

회사가 성공이라는 틀 안에 들어서게 된 것은 로얄 플로워 매트(Royal Floor Mat)의 순조로운 안착과 마트 사업의 확대에 힘입은 바 크다. 로얄 플로워 매트는 실외 매트로 그에 대칭되는 실내 발 매트의 개발이 필요했다. 그 당시 욕실 발 매트는 단순하게 욕실 앞에 두고 발에 묻은 물이나 이물질을 제거하는 용도로 사용되는 걸레 조각에 불과한 재래시장 아이템이었다.

그 당시에 수입품 카펫 제품이 그와 유사한 용도의 고급품으로 백화점 등에서 판매되고 있었다. 우리는 시장제품을 개선하여 패션을 입히고 안전성을 높여서 마트 상품으로 성공시켰다.

우리가 상품을 실내 매트에까지 확대하자 자연히 관련된 여러 가지 상품으로 비중을 늘렸고 우리는 얼마 안 되어 홈퍼니싱 업체로 자리를 잡게 되었다.

여러 부문의 상품이 개발되고 판매되면서 브랜드(brand)를 체계화할 필요성이 커졌다. 상품을 브랜드별로 분류해 사업 부문별로 적용하기로 했다.

메드모아(medmore), 에뻬(ebbe), 필그린(feelgreen)으로 상품을 구분하고 상표를 특허청에 등록하였다. 일본 브랜드 헬로키티를 라이선싱 하여 제품을 생산했다.

메드모아는 실외 매트, 욕실 가구, 주방용품 등에 사용했고, 에뻬는 욕실 매트, 거실화, 러그 등 패션성이 강한 제품에 사용했다. 필그린은 골프용품에 사용했다. 이로 인하여 상품은 체계화되었고 각기 특성에 따라 영업자에게 컨셉을 제공했다.

[주방용품]

회사의 상품 부문이 체계화되어서 욕실, 거실, 주방으로 나뉘어서 필요 아이템을 개발하고 상품화하니 회사의 사업 구조가 튼튼해지고 매출액도 늘어났다.

회사에서 주방 부문 개선이 필요하다는 판단에 따라서 주방용품 외국 브랜드를 라이선싱 하기로 했다. 회사 정관에 식품 및 식기류 판매업을 추가하고 구청에서도 관련 허가를 얻었다.

이태리에서 중위 정도의 브랜드력을 가진 업체와 연결되어 협업을 위한 약정을 한 후 샘플을 받고 시장조사를 하였다. 마트 바이어들을 초대하여 그 의견을 들었다. 처음에는 소모성이 강한 주방용품 위주로 상품을 구성하고 상품이 정착되면 냄비, 프라이팬, 밥솥으로 품목을 확대할 계획을 세웠다.

주방용품 라인업만 구성되면 회사가 좀 더 확장되리라는 생각으로 열심히 준비 해나갔다. 이태리 현지 시장조사를 위해 직원을 파견했다. 그 업체의 이태리 내에서 상품력은 상당해서 지역의 어느 마트에 가나 그 브랜드를 접할 수 있었다.

통상적인 절차로 그 공장을 방문해서 상품 제조 과정을 파악하기로 했다. 공장에 가보니 공장의 생산 라인은 대부분 멈춰있고 이태리 가정에서 특별히 사용해서 그 회사 제품만 찾는 앤틱 소품 같은 일부 제품만 조립하고 있었다.

우리 생각에는 그 정도의 시장 장악력이면 공장이 계속 돌아가야 하는데 공장이 멈춰 있어서 이상하게 생각하고 그 이유를 물었다. 그들의 답은 뜻밖이었다.

자국 내 인건비가 비싸져서 꼭 이태리에서 생산해야 하는 일부 품목 이외는 전부 중국 공장에 OEM(주문자 상표 부착 생산)으로 생산 중이란다. 그러면서 우리한테는 더 좋다는 것이었다. 중국에서 한국은 거리가 가까워 운송 기간이나 운송 비용이 적게 들어 우리한테 유리한 조건이라는 것이다. 논리적으로는 그런데 우리 시장의 현실이 그렇지 않다는 데 문제가 있다. 확인차 앞으로도 그렇게 할 것이냐고 물으니 오히려 우리가 자기들과 조인하게 되면 중국에서의 생산을 더 확대하겠다는 것이었다. 청천벽력 같은 소리였다.

브랜드는 그렇다 치고 중국산 식기류가 한국에서 팔릴까? 안 되는 소리였다. 이태리 브랜드가 붙어있다고 중국산 식기류가 고급스러움으로 비싸게 팔릴까? 중국산 식기류에 대한 소비자들의 불안은 어떻게 하고. 그렇게 할 바에는 중국의 좋은 공장을 우리가 찾아서 우리가 직접 품질 관리하고 생산하여 저렴한 가격으로 소비자에게 제시함이 옳지 않은가?

우리는 "Made in Italy"를 원했던 것인데 이것은 아니다 하는 판단으로 귀국을 했다. 판매처들의 의견을 들어보고 결정하기로 했다. 우선 마트 바이어들의 의견은 "어렵다"였다. 도매상들의 의견은 "Made in Italy"보다는 못하지만 이태리 상표가 붙어있으니 "팔아보겠다"였다. 결국 우리는 도매상들의 "팔아보겠다"는 의견만 가지고는 이 사업을 계속할 수 없다는 결론에 이르렀다.

사람이 만지거나 입 속에 넣는 제품은 유해 성분 관련 규제도 엄하고 소비자가 불신하는 상품을 팔 수는 없다. 아무리 합리적이고 이론적이라 하더라도 그 상태로는 소비자를 설득할 수 없다는 것이 우리의 경험에서 나온 결론이었다.

이로 인하여 홍역 같은 회오리가 또 한 번 지나갔다. 이렇게 해서 한 번의 시도가 또 있었다.

로얄 플로워 매트는 상품이 친환경적이고 고급스러워 상가와 주택에 용도가 적합하고 판매가 잘 되었다. 그러나 무겁고 나일론사 터럭이 많이 나는 흠이 있었다.

판매량이 증가하자 캘리포니아에 있는 회사에서도 우리에게 관심을 가지고 우리에게 세계 패션 흐름 등 마케팅에 필요한 요소를 교육하고 자료를 제공해 주었다.

후에는 그 미국 회사가 유럽에 있는 학용품 회사에 합병되다 보니 그들의 관심이 학용품으로 돌아가고 우리한테도 학용품을 함께 취급할 것을 요구했으나 국내 시장은 생활용품 시장과 학용품 시장이 분리되어 있고 우리가 새로운 시장인 학용품 시장에 진입하기 위해서는 위험성이 커서 받아들이지 않았다. 그들 또한 우리가 그들의 주력 상품인 학용품을 팔지 않으니 우리 시장에 무관심하게 되어서 점차 아이템을 종료하게 되었다. 우리는 국내에서 판매되고 있는 국산상품으로 이를 대체하여 이제 실외 매트는 시장에서 명맥만 이어가고 있는 형편이다.

일본 브랜드인 헬로키티 라이선스를 받아서 온라인용 아이 침구류와 욕실 매트 러그에 적용하였다. 헬로키티는 두꺼운 선호 층이 있어서 계속 판매액을 늘려갔으나 코로나 팬데믹 전에 사회적으로 반일 정서 확대와 일본 상품 불매 운동으로 공식적인 매장에서는 대부분 퇴출당하게 되었다. 재래시장 등 일부와 마니아층 선호로 명맥을 이어 오다가 코로나 팬데믹이 종료되면서 아이템 정리 차원에서 라이선싱을 종료하였다.

회사의 각 영업 부문별로 특성이 강해서 특히 골프용품 필그린(feelgreen) 부문은 관리의 체계화를 위해서 일관된 경영 방침(policy)이 적용되고 대내외적인 위험 관리(risk management)가 적용되어야 하는데 현금 거래 비중이 크고 납품 영업, 수금 영업이 거의 모두 로드 샵 방문 영업이어서 효율성도 떨어졌다. 제품의 생산도 수작업에 의존했고 가끔 부실 채권도 발생했다.

회사에서는 이에 많은 검토를 하게 되었다. 회사 창업 시부터 시작되었던 사업이지만 시간이 지나며 골프용품 사업은 계륵 같은 처지가 되었다. 한국 골퍼들은 외국과 달리 골프용품에 대한 투자는 아까워한다. 내가 주재원으로 미국에서 골프를 칠 때는 보통 클럽하우스 골프샵에서 티셔츠도 사고 모자도 사고 볼도 사서 나누고 했는데 한국에서는 그런 일이 거의 없었다.

여러 가지 생각 끝에 10년 이상 이어온 골프용품 사업을 정리하기로 했다. 한국에서는 골프용품 사업이 개인 비즈니스로는 가능하나 법인 기업에서는 현금 거래의 관리상 어려움과 영업 비용이 과다하고 제품 제조의 비효율성, 상품 회전율이 낮아 사업성이 떨어진다고 판단하게 되었다. 결국은 해당 영업 담당자가 퇴직하면서 골프용품 사업 아이템을 인수해 가기로 해서 회사의 사업 부문으로는 종료하게 되었다.

[무역부문]

무역 부문(수출), 실물 경험이 없는 나에게 꿈같은 일이 이루어졌다. 꿈같은 일이 이루어졌다는 것은 나와 회사의 업무능력 밖에서 이루어졌다는 뜻이다. 국내에서 물건 판매도 어려운데 할 수만 있다면 누구나 하고 싶어 하는 것이 수출 아닌가? 우리가 마트와 재래시장 그리고 온라인에서도 상품을 팔지만, 실제 구매로 이어지기란 어렵다. 그런데 언어와 문화 경제 여건과 상관습이 다른 해외에 상품을 파는 것 수출을 한다면 폼도 나고 달러로 계산하여 기본적으로 받는 금액에 천을 곱하게 되니 얼마나 좋은가? 그러나 수출할 만한 아이템을 찾기도 어렵고 찾는다 하더라도 수출을 위해서 해당 상품을 구매하기도 어렵다. 실무자 선에서는 이런저런 이유로 상품을 공급해 주려고 하지도 않는다.

[크레인 대만 수출]

그 시장은 IMF 사태가 끝나면서 서서히 시작되었다. IMF 사태로 건설 회사들이 도산하고 건설 장비를 수입한 회사들이 외화 대출 원리금 상환 불능으로 도산하자 그 중고 건설 장비들이 매물로 쌓여갔다.

앞에서 말한 대만 출신 Z씨가 한국에서 중고 크레인을 사기 위해서 나를 찾아와 만나게 되었다. 시장에 나와 있는 중고 크레인 10여 대를 수출하면서 서로에 대한 신뢰가 형성되었다. 대만 Y크레인 Z씨와의 거래는 계속되었다. 타다노 삼성 등 80톤 이상 대형 중고 크레인 수출이 주였고 마진은 2% 정도로 마진이라기보다는 커미션이었고 나는 점차 그의 에이전트가 되어갔다.

나는 중고가 아닌 신품을 중고 크레인 수출 이후 계속 수출하고 싶어서 의사를 타진하니 지금까지 신품은 일본에서만 수입했는데 한번 해 보자는 데에 Z씨와 의기를 투합했다. 한국에서 크레인을 만들 수 있는 중공업 회사들을 찾아다녔다. 찾아가서 기업 대표나 부문장들을 주로 만나서 조건을 이야기하고 호의적인 업체에 집중했다.

마침 IMF 사태로 인하여 한국 내의 주요 특장차 업체들이 부도가 났고 자산관리공사에서 그 회사들을 인수하여 경영권을 행사하고 있었다. 그 당시 특장차 회사에서는 대부분 비슷한 제품을 생산해서 어느 기업이든지 나한테 편리하고 호의적인 기업을 택하기로 했다. 나는 S중공업, K중공업 등의 CEO를 만났다.

그중 K중공업은 S중공업과 마찬가지로 상장기업으로 IMF 사태 때 도산했고 자산관리공사가 그 경영권을 행사하던 중 자산관리공사로부터 C사가 그 경영권을 인수하여 별도 법인으로 경영 중인 회사였다.

K중공업은 우리의 거래 제의에 적극적인 호응을 했다. K중공업은 아랍 지역에 장갑차와 앰뷸런스 특장차 등을 수출했기 때문이다. 국내 시장에도 여러 가지 크레인 종류를 제작 판매하고 있었다. 회사는 의사결정도 빠르고 Z씨도 이 기업 브랜드를 좋아했다. 우리는 K중공업을 선택했다.

대만에 카고 크레인 수출의 시작이었다. 충북 청원에 있는 공장에 부지런히 다녔다. 공장으로부터의 전폭적인 지원도 받았지만 그 제품이 대만에서 시장의 반응도 좋았다. 그동안 일본에서 유니크라는 브랜드의 제품을 수입해서 판매했는데 K중공업 제품은 유니크보다 값도 싼 데다가 내가 한국에서 바잉 오피스로서 제 역할을 잘해주니 대만에서도 업무 처리가 쉬워져서 수출액은 몇 년 안되어서 급격히 늘어갔다. 우리 회사는 K중공업과 대만 양쪽에서 모두 환영받는 존재가 되었다.

K중공업의 적극적인 호응과 대만에서의 판매 호조로 매년 수출액은 늘어갔다. 그런데 한 가지 문제는 이것이 기술 영업이어서 수출자는 우리 회사가 되지만 제조업체도 수입자도 나 이상으로 서로 잘 알게 되었고 기술상의 필요로 서로 커뮤니케이션이 잘 되어 모든 정보가 공유되고 있다는 점이었다. 우리 회사가 가질 수 있는 사업상 비밀이 하나도 없다는 것이었다. 만약 한쪽에서라도 변심하면 통제할 방법이 없었다. 점차 서로의 선의만 믿어야 하는 처지가 되었다. 더구나 더 불안한 것은 우리 회사가 받는 이익이 그대로 노출되어서 가격 협상 시에는 항상 무언의 압력으로 작용하였다.

몇 년을 다니다 보니 나도 기술적인 것을 지적하는 정도가 되었고 의사소통도 자유롭고 서로 신뢰가 강하고 부족한 점이 없었는데 또 하나의 중요한 문제가 가격이었다. 우리 회사의 마진만큼이 항상 문제가 되었다. 오래 하다 보니 이 거래에서 내가 꼭 필요한 것도 아니었다. 그것을 여러 번 느끼며 계속하다가 두 파트너에게 내가 이 거래에서 빠지겠다고 선언했다. 거래에서 내 역할이 사실상 필요 없고 나로 인해서 가격이 올라가서 어려워지니 내가 빠지는 것이 좋겠다고 말했으나 양측에서 들어주지 않았다. 그 의리를 지켜줌에 고마웠다. 그러면 내가 공장에도 가지 않겠다고 하니 양측에서 커미션을 받으면 어떻겠냐고 했다. 그래서 내가 받아들이고 3%의 커미션을 받기로 하고 수년을 계속했다.

커미션 베이스로 변해서 가끔 두 당사자가 계약할 때 가보면 실질적으로 그 커미션이 또 문제가 되었다. 내가 그 커미션도 포기하겠다고 하니 그러면 명목상의 커미션으로 1%를 받으라고 했다. 내가 받아들이니 순조롭게 수출이 잘 진행되었다. 그 커미션은 대만의 Z씨가 주게 되어있었는데 대만 수출 10년이 지나서는 내가 그 커미션도 안 받고 거래에서 빠지겠다고 선언했다.

그랬더니 K중공업에서는 나에게 사외이사를 맡아서 계속 관심을 가져줄 것을 제안했다. K중공업은 방위산업 업체로 사외이사로 군 출신 1명과 해외시장 개척 관련하여 나를 사외이사에 선임하고 싶다고 했다. 내가 이를 수락하여 그 회사의 사외이사로 선임되었고 이를 계기로 우리 회사의 크레인 대만 수출은 종료하게 되었다.

[페인트 중국 수출]

그다음 수출은 페인트의 중국 수출이었다. 중국의 H그룹과의 업무는 지지부진했다. 제품이 기술적으로 예민해서 한국의 업체들이 부품을 바꾸려고 하지 않았고, 설령 해준다 하여도 내가 책임지기 어려운 상황이었다. H그룹의 주 제품은 시멘트공장에서 석회석을 깨는 강구였는데 그 품질이 균일하지 못할 때는 가끔 작업 중 깨질 수가 있었다. 이 강구가 깨지면 공장 전 공정을 중단시키고 깨진 강구를 다시 교체해야 해서 위험 부담이 컸고 또 중국 제품에 대한 불신도 컸다.

중국 H그룹은 세계 각 곳의 유수 시멘트공장에 수출하고 있고 시험성적서등 기술 관련 데이터가 준비되었지만 실제로 깨지면 나에게 돌아올 그 책임이 막대함을 알았다. 시멘트공장에서 요청하면 해줄까 내가 권유하기는 어려운 상황이었다.

그러나 외자 유치나 해외 합작이 필요한 H그룹과 우리나라의 수원시와 자매결연을 맺고 있는 J시로서는 나의 한국에서 역할이 대단히 필요하고 중요했다. 내가 그들에게 대단히 유용한 존재인 것으로 알려졌다. 1년에 한 두 번씩 방문했는데 방문 때마다 성대하고 융숭한 대접을 받았다. 그것은 지금까지도 그렇다. J시 공무원

W씨도 승진을 거듭하여 부처 최고 책임자인 처장이 되었고 그때 다른 한 중국 기업을 소개해 주었는데 그 기업은 한국에서 페인트를 수입하고 싶다고 했다.

나는 한국에서 여러 페인트 회사를 찾아보았고 대 중국 수출현황을 파악했다. 모두가 수출은 하고 싶었으나 중국 규제의 벽을 뚫을 수 없어서 수출을 포기하는 상태였다. 여러 페인트 회사를 방문했으나 대부분 실무자급을 만나서 추진이 어려웠는데 C페인트에 가니 임원인 전무가 공장장을 하고 있었다. 내가 사정을 이야기하니 적극 협조해 주겠다고 했다. 어느 나라나 마찬가지겠지만 화학제품 등의 수입에는 환경 문제 등 까다로운 규제가 따른다. 중국 역시 마찬가지다. 더구나 중국어로 되어 있는 규정들을 정확하게 번역하는 것도, 의미를 이해하는 것도 어렵고, 그 요구(requirement)에 응하기도 어려운 일이다. 그래서 한국 중견기업들이 성사 여부가 불투명하고 비용이 많이 드는 중국 수출에 전념하지 않게 되었다. 그러나 나는 해야 했다. 다행히 중국에서 여러 사람의 도움으로 규제의 벽을 넘을 수 있었다. 그렇게 해서 대망의 페인트 중국 수출이 시작되었다.

제품의 생산과 수요처를 모두 잘 파악하고 있어서 별다른 문제는 없었으나 환율이 문제였다. 우리 회사 마진이 10% 정도인데 어떤 때는 환율 하락으로 이를 다 까먹을 때도 있었다. 환율이 미화 1불당 1천 원 가까이 되니 중국에서는 한국 페인트의 매력이 떨어졌다. 한국산 페인트의 가격 메리트가 적자 중국 업체는 품질이 비슷한 미국에서의 수입을 늘려갔다. 결국 3년 정도의 기간으로 페인트 중국 수출은 끝을 내게 되었다.

이스라엘 민족이 기적의 홍해를 건너 광야에서 40년을 거쳐서 그 젖과 꿀이 흐르는 땅, 가나안에 들어갔다. 그들은 그 가나안 땅에 들어가서는 정말 그 기대대로 그렇게 살았는가? 아니다. 거기서도 그들은 계속 전쟁, 가뭄, 기근에 시달리며 살았다.

사업, 인생살이도 그렇다. "고생 끝 행복 시작"이 되어야 하는데 여기서도 끊임없는 도전과 시도가 있고 실패도 계속된다. 일단 성공의 궤도에 들어갔다고 생각되는 데도 여전히 문제는 생기고 실패와 어려움도 계속된다. 이것을 극복해 가는 과정은 창업 때와 마찬가지다. 새로운 시작이 아니라 일상이 된다. 세상의 변화에 적응하는 과정이니 그렇다.

실망하거나 좌절하거나 의심해서는 안 된다. 창업이란 그런 것이고 사업도 그렇고 인생살이도 그렇다.

5. 회사의 조직과 자본 형성

회사의 업무를 효율적으로 추진하기 위하여 체계적인 조직 구성이 필요했다.

회사의 조직은 앞에서 일부 언급한 것 같이 영업 부문 위주로 자연스럽게 형성되고 분화되었다. 회사 전체의 물동량과 업무량의 증가에 따라서 지원 부문의 역할이 점차 현실적으로 커져갔다. 조직 내에 관료주의가 생겨나고 그 부분에 의존하는 바도 커졌다. 이를 혁신하지 않으면 커지는 리스크에 효율적으로 대응하기 어렵고 회사 조직은 비효율적으로 변질되는 길에 들어서게 될 처지에 놓이게 되었다. 이를 개선하지 못하면 회사가 여기서 끝날 수도 있겠다고 생각했다.

회사 업무를 영업 부문과 영업 지원 부문으로 재구성하고 영업 부문은 (1) 마트 1팀 (2) 마트 2팀 (3) 재래 도매팀 (4) 골프용품 사업팀 (5) 온라인팀으로 구성하고 영업지원부문은 (1) 상품팀(디자인) (2) 관리팀(경리 회계 인사 총무)로 나누었다.

회사 업무의 유기적인 연결을 위해서 영업 부문과 영업 지원 부문의 담당자 업무를 일부 중복시켰다. 영업 부문과 상품팀은 사내이사(理事)가 관장하고 관리팀은 내근자인 온라인팀장이 겸하게 했다.

[회사의 조직, 영업 부문]

회사의 조직을 논리적이고 합리적인 선에서 조정하고 운영하였으나 영업 부문은 팀별 특성이 강하고 담당자들의 비밀주의 성향이 강해서 그 벽을 넘지 못했다. 가끔 조직 내에서 갈등과 불협화음이 발생하였고 어려운 문제는 서로 미루고 방치되는 일이 가끔 생겼다. 매주 화요일에 직원 교육을 해 왔지만 개선되지 않았다. 영업 부문 중 오프라인 부문은 영업환경에 따른 이합집산이 계속되었고 온라인 부문은 실적으로서의 의미는 적었으나 자투리 상품, 재고상품 판매를 위해서 계속 역할이 필요했다.

온라인팀은 인터넷 쇼핑몰과 온라인 몰을 담당한다. 온라인 몰은 앞에서 말한 것처럼 드럭스토어 사업 제안에서 시작되었다. 지금은 드럭스토어 형태의 체인점이 많이 생겼지만 우리가 사업 제안 했던 2000년경에는 생소한 사업으로 여겨졌다. 여러 가지 여건상 사업추진이 어렵게 되어 당시 막 변화하는 인터넷환경에 접목해서 medmore.com의 인터넷 쇼핑몰로 드럭스토어 사업을 추진했다.

이렇게 하여 인터넷 쇼핑몰은 2001년에 자체 쇼핑몰로 제작하여 운영하였는데 적정한 성과는 내지 못하고 문제만 돌출되었다. 회사 내부에서도 직원들이 수시로 인터넷 쇼핑몰 폐쇄를 건의 했으나 결코 그렇게 할 수 없었다. 초기에는 적정 인력확보도 어려워 타사 쇼핑몰의 아이템을 검토 없이 베꼈다가 하나도 팔아보지 못하고 과장 광고로 식품위생법에 의한 제재를 받기도 했다.

이후 인터넷상의 상품 판매가 자체 인터넷 쇼핑몰에서 포털 사이트 온라인 몰로 이동하면서 온라인 쇼핑몰은 대형화되고 광고가 많이 필요한 사업으로 변화되어 중소기업의 자사 몰은 점차 설 자리를 잃어갔다. 포털이나 대형 이커머스 업체에 입점해 우리의 상품을 판매하는 것으로 좁혀졌다.

이제 모바일 위주의 한 두 개의 대형 쇼핑몰로 통일되는 느낌이다. 우리는 거기에서 판매하는 소매상이 되고 온라인 쇼핑몰은 우리에게 계륵 같은 처지이나, 그래도 앞으로 그 변화를 생각하여 우리 미래의 한 부분으로 계속 이어가려고 한다.

[회사의 조직, 영업지원부문]

영업 지원 부문도 동일한 문제가 노출되고 개선되지 않았다. 인사는 온정주의로 서로 끼리끼리 편들어 주는 것이 자연스럽게 되었고 회계 부문은 온라인화를 계획하고 추진하여 나갔으나 업무 담당자의 자질 부족과 잦은 직원의 이직으로 추진이 어려웠고 갈등만 계속 유발했다. 이것이 중소기업의 한계임을 너무 뼈저리게 느꼈다. 중견기업으로의 전환을 꿈꿔왔으나 사람으로 인해서 진척시킬 수 없었다.

회사에서 인사와 총무 업무는 대단히 중요하다. 지금까지 오면서 대부분의 중소기업에서 가장 등한시하는 부문이 인사, 총무 분야이기 때문에 회사 전체가 어렵게 되는 것을 몇 번 보고 겪었다. 인사, 총무 담당자는 그 사리 판단이 순리적이지 않으면 일을 맡기지 못한다. 직원의 개인정보와 나름 갖고 있는 비밀이 사전에 누설되어서 추진하지 못한 때도 여러 번 있었다.

근로기준법이나 상법상으로도 인사, 총무를 담당하는 사람은 임원이 아니라 하더라도 노조에 가입하지 못하게 하는 것은 그런 연유에서 비롯되었다고 본다. 그만큼 중요하다. 잘못되면 회사 조직력이 약한 기업에서는 기업이 와해될 위험성도 있다.

회사에서 남을 관리하는 위치에 있거나 업무상 남이 알지 못하는 비밀을 알고 있을 때 자기 생각을 참지 못하고 이를 발설하는 경우가 많다. 어떤 때는 직원 간에 카톡을 깔아 놓고 그런 것을 공유하는 경우도 있다. 직원들의 업무상 PC 내에 카톡을 깔아 놓는 것은 부득이 인정하지만 직원 간에 단톡으로 그런 것을 공유하는 것은 금지했다.

인재양성이 그렇다. 회사의 장기근속 핵심 인력을 경영진 이사(理事)로 승진 선임해도 대표이사와 대립, 보완관계만 형성하고 한 사람의 경영진으로서 제 역할은 하지 못했다.

이사(理事)는 역할에 따라서 대표이사가 잘 못하는 일, 할 수 없는 일 또는 새로운 일에 일정한 부분을 담당함으로써 대표이사의 부족한 점이 보완되며 유기적으로 경영에 참여하게 된다. 그러나 잘 안되는 경우엔 이사(理事)로서 거래처나 사원에게 회사를 법적으로 대표하는 경영상 역할보다는 사원에게 인기 있는 가십적인 일, 회사와 대립하는 일에 나서는 것을 좋아하고 거래처에 회사와의 어려운 일을 일방적으로 결정하여 회사나 거래처를 난처하게 하기도 한다.

대표이사가 권한을 위임해 주지 않아서 권한이 없어서 소신껏 일하기 어렵다는 등으로 불만을 표시하기도 할 때는 바라보기도 답답했다. 개인 역량의 한계였다.

급여 체계는 근로기준법과 시류에 따랐다. 처음에는 일반적인 호봉제, 회사 성장기에는 연봉제, 현재는 직무급제로 나름 회사의 성장과 궤를 같이했다.

기업에서 성과와 보상은 대단히 중요하다. 그런데 인원 20명 미만의 중소기업에서는 평가도 어렵고 특출한 자에 인센티브를 부여했을 때 그 불협화음이 대단하다. 그래서 아무것도 안 했을 때는 또 동기 부여가 되지 않는다는 등 했을 때나 안 했을 때나 터져 나오는 여러 불평불만이 거의 내 귓가에까지 이른다.

상품 부문(디자이너)은 우리 회사의 두뇌 역할을 하는 부서로 회사의 계속 경영을 가능하게 하는 원천이 된다. 매주 목요일에 개발한 상품에 대한 품평회를 갖고 디자이너와 영업자 간에 상품에 대한 정보를 공유하고 영업을 지휘하는 역할을 했다. 그러나 디자이너의 잦은 이직으로 상품에 대한 이해도가 부족해서 독창적인 상품 개발보다는 생산자의 디자인(샘플)에 마트 바이어의 의견을 가미해서 제품을 완성하는 형태로 변질되어 갔다.

우리 브랜드에 맞는 독창적인 아이템이 개발되지 못했다. 이를 보완하기 위해서 일본 헬로키티 라이선스를 받아서 우리 상품을 생산했으나 때마침 사회적으로 반일 감정이 고조되어 일본 상품에 대한 불매 운동으로 제품의 판매가 활발하지 못했다.

[회사의 자본]

회사의 자본금은 수권 자본과 납입 자본이 있는 것은 대부분 알고 시작한다. 우리 회사도 몇 차례에 걸쳐서 증자했다. 증자를 계속하다 보니 이제 더 개인적으로 자본을 회사에 투입할 필요성도 적어지고 계속 회사에 투자할 돈도 없게 되었다.

자본을 증자했을 때 긍정적인 면, 부정적인 면이 있는 데 잘 살펴야 한다. 이론적으로는 자본을 증자했을 때 나쁜 면은 별로 없다. 그러나 자본금이 많아질수록 세무 당국의 관심을 더 받게 된다. 특별한 목적과 자본 수요가 없다면 증자는 신중한 것이 좋다. 한 예로 우리 회사는 구로구에 소재한다. 기업의 규모나 세무 관리상 세무서의 관심 대상이 못 된다. 그런데 세무조사가 나왔다. 처음에 의아했다. 회계 구조가 잘 되어있고 매달 공인회계사의 리뷰를 받아서 오류가 없게 했다. 세무조사가 끝나갈 무렵 국세청 직원에게 물었다. 무슨 이유로 우리 회사 같은 데에 세무조사를 나와서 아무 소득도 없이 국력을 낭비하는가를 물었다. 국세청 직원 생각으로는 구로구에 사업자는 많은데 법인사업자가 많지 않아서 선택된 것 같다고 했다. 그런 것이 가능하다면 자본금 얼마 이상이 되면 또 그 기준에 의해서 세무조사 대상이 될 수도 있다는 의미이다.

IT 버블 때 '크라우드 펀딩(crowd funding)' 방식으로 외부 자본을 유치하고 그 돈으로 유능한 인재를 채용하여 사업을 확장한 후 코스닥 상장까지 가자는 이야기가 횡행했다.

나에게도 몇 사람이 찾아왔다. 방법을 소개하며 코스닥 상장까지 책임져 주겠다고 제안했다. 회사의 재무제표를 약간 분칠하여 금융감독원(당시 은행감독원)에 제출하고 승인을 받아서 20억 원 미만의 자금을 인터넷 공모로 증자하고 자금이 들어오면 그것으로 회사 사업 모델을 다시 구성하자는 것이었다.

솔깃해서 몇 번 만났는데 이것은 아니다 하는 생각이 자꾸 들었다. 현재 우리 회사 사업 규모도 그렇게 크지 않았고 남의 돈을 가져다 쓰면 때가 되면 배당금도 지급해야 하는데 내 생각으로 이 정도의 사업으로는 사업 모델을 조금 바꾼다 해도 불가능한 이야기다. 생계형 사업에서 조금 지났는데 외부 자금 도입하고 사업을 확장해서 배당한다? 이것이야 말로 사기(詐欺) 아닌가 하는 생각을 떨칠 수 없었다. 남의 돈을 받으면 때가 되면 돌려주거나 이익을 줘서 그것에 대한 보상을 해줘야 하는데 그것이 불가능하다. 내 사업은 내가 가장 잘 아는데 가능치도 않은 일을 하면 그것이야말로 사기 아닌가 하는 생각이 들었다. 그때 안 한 것은 참으로 잘한 선택이었다.

또 한 가지 증자 형태로는 무상 증자다. 무상 증자는 회사가 자본금을 증가해야 할 특별한 필요가 있을 때 회사 자본, 이익잉여금으로 기존 주주에게 하는 경우가 있는데 보통의 경우는 안 하는 것이 좋다. 신규 자금이 들어오는 것도 아닌데 별도의 세금까지 내면서 무상증자를 할 이유는 많지 않을 것이다.

다른 경우 예를 들면 공로 직원에게 지분을 무상으로 주기 위하여 자기 주식을 취득하거나 무상증자할 경우가 있을 수 있다. 스톡옵션도 하나의 예가 될 수 있다. IT 버블 때 한창 유행했다. 사업이 좋아지면 그 공로로 지분을 주겠다는 말과 그런 지분을 받았다는 말을 심심치 않게 들었다.

여기에도 조심해야 한다. 공로로 주는 지분은 회사 정관에 따르는 경우도 있지만, 그 정도가 못 되는 기업에서는 기분으로 준다고 하고 사주의 보유 주식 중 일부를 나누어 주는 경우가 많다. 받는 사람도 현금보다는 시큰둥하게 받는다. 서로 생색이 안 나는 거래이다. 그런데 이 결과는 그 지분을 주었을 때 그 기분보다 상당히 어려운 경우를 많이 도출시킨다.

회사가 망해 없어지면 그 지분도 휴지 조각이 되어 버리지만 그전에 그 지분을 받은 자가 중도 퇴사할 경우 그 지분을 사주(社主)가 또는 회사가 매입해 주어야 한다. 물론 안 사줄 수도 있지만 그 지분이 악의적으로 이용되면 회사가 곤란해질 수도 있다.

그 지분은 사줄 때 그 액면가로는 되지 않는다. 대부분 주식의 액면가 보다는 큰 잉여금 포함한 기업 가치에 비례한 대금을 요구할 것이다. 서로 분쟁이 발생하고 편하지 않은 상황으로 변할 가능성이 매우 높다.

직원이 퇴직하지 않았을 경우에도 문제가 된다. 주주총회를 하게 되면 그것이 실질적인 사원 총회가 된다. 이때는 사주(社主)가 많은 주식을 갖고 사원이 적은 주식을 갖고 있다고 하더라도, 결국은 1:1의 관계가 되고 사업을 추진하고 사원을 설득하려면 그들(사원)의 요구에 따르지 않을 수 없다.

또한 경영 간섭과 분쟁으로 법적 책임에 노출될 수 있다. 장부 열람을 요구한다거나 비용 지출에 대하여 횡령 배임 등의 소송 전(戰)으로 이어질 수도 있다.

일시적인 기분으로 이런 위험에 노출될 필요가 없다. 가급적 사원의 공로에 대하여는 그때그때 현금이나 물질로 보상하고 경비 처리하여 뒷일을 말끔하게 하는 것이 좋다.

6. 인원 충원과 교육, 인재 양성

회사의 사원은 중소기업 사장 입장에서는 장래를 같이 하기 힘든 가장 까다로운 고객 중 한 부류이다. 일을 할 사람을 채용하는 것과 유지하는 것 모두 대단히 중요하고 어렵다.

직원의 채용은 여러 가지 루트가 있다.

첫째는 채용 앱을 이용하는 방법인데 중소기업에는 응모자가 거의 없다. 그리고 응모해서 면접에 응하는 사람이 있다 하더라도 면접만 보거나, 채용되더라도 스스로 거의 임시직 같은 마음가짐으로 근무를 해서 정착시키기가 대단히 어렵다.

다음은 지인의 소개나 친인척 고용이다. 관련 경력이나 업무 지식이 있다면 당분간은 안정적인 고용이 될 수 있으나 기업 성장에는 도움이 되지 않아서 권하고 싶지는 않다.

인재 추천업체를 이용할 수도 있으나 기업 초기 단계에서는 어렵다.

신문 등에 사원모집 광고를 내거나 취업 박람회에 참가해서 취업 예정자를 만나볼 수도 있으나 중소기업 단위에서는 효율적이지 않다.

결국은 어려워도 바닷가 모래밭에서 바늘 줍는 심정으로 인재를 찾아내고 그 인재에 투자하여 회사 사람으로 만들어 내는 방법뿐이다. 그런 면에서는 채용 앱을 이용하는 방법이 최선이고 채용 앱에 채용 공고를 깔아 놓고 사는 방법밖에 없다.

인재의 고용을 계속 유지하기 위해서 스톡옵션이나 회사 지분을 약속할 수 있는데, 정확한 회사의 미래를 생각해서 할 일이지 기분으로 또는 사람을 달래는 의미로 해서는 절대로 안 된다. 스톡옵션이나 지분을 줄 때는 현금으로 주는 것이 아니니 주는 회사나 받는 사람 입장에서 그 의미를 반신반의하겠지만 당사자의 회사 퇴직 시 정산이라던가 회사의 주주로서 의사결정에 참여 시에 서로 갈등이 노출되고 심각한 문제를 야기할 수 있음을 명심해야 한다.

다른 사람과 동업하는 것도 좋은 방법이다. 앞에서 이야기한 것처럼 초기에는 한 사람의 인건비를 줄일 수 있고 서로 간에 분업이 잘 된다면 투자 위험이 분산되고 기업 성장에 보탬이 될 수 있다. 그러나 동업자 간에 의사 결정 방법과 이익 분배의 원칙을 미리 정해서 다툼의 소지를 없애야 한다. 동업이 파탄 나는 대부분의 사유가 서로 회사에 대한 지배권을 독점하려는 데서 나온다. 시작할 때는 비슷했는데 점차 동업자 간의 능력 차가 발생하고 기업에 대한 기여도가 차이 날 때 불만이 나타나기 시작한다. 이에 대한 합리적인 해결 방안을 미리 준비해 놓는 것이 중요하다. 환경이 바뀔 때마다 이의 기준을 변경하려고 한다면 분쟁으로 비화되기 쉽고 감정이 악화되어 기업을 청산하지 않고는 해결하기 어려울 수도 있다. 동업자 간에 서로 주식 매수청구권 행사를 인정하여 그 요건이나 평가 방법 등을 사전에 정하여 놓는 것도 기업을 청산하지 않고 동업 관계를 정리할 수 있는 좋은 방법이 된다.

사원 교육으로 지속적인 인재 양성이 이루어질 때 사업의 성공 기간은 길어지고 상처 없는 원활한 성공으로 이어진다.

사원은 채용하기만 해서 되는 것이 아니다. 꾸준한 교육과 보상으로 속칭 내 사람을 만들어야 한다. 특히 경력 사원 채용이 많은 중소기업에서는 교육으로 이질적인 문화에 젖어있는 각 개인을 회사가 필요로 하는 일체화된 마음의 흐름을 만들어 업무 추진에 불협화음을 줄여가야 한다.

우리 회사에서는 매주 화요일 아침 오전 시간을 연수 시간으로 정해 사원의 직위, 직급 관계없이 기본적이고 일반적인 업무 교육을 실시하여 통일된 흐름을 유지하려고 노력했다. 또한 매주 목요일에는 상품 품평회로 모여서 직무 부문 관계없이 상품 교육과 토론을 통해 서로의 관심을 접근시켰다.

물론, 이중적이고 시간 낭비적인 요소가 많았지만 전문적이지 않고 균일하지 않은 능력과 심성의 인적 자원을 가진 중소기업에서는 어쩔 수 없는 선택이요 최선이라 생각하고 실천해 왔다.

7. 위험 회피와 준법 경영

위험 회피 노력과 준법 경영은 동전의 양면 같고 한 면으로는 보완적이다.

사업을 하면서 누구나 느끼겠지만 성취의 자부심보다도 사회 제도가 점점 나에게 옥죄어 옴을 느낀다. 법 · 도덕 · 윤리 · 약속을 지키는 것을 나는 나의 원칙인 것으로 알았고 그것을 자랑으로 생각했다. 그러나 그것은 많은 부분이 착각이고 다른 사람들은 그렇게 순박하게 생각하지 않는다는 것을 알게 된다. 내가 이미 그렇게 하게 강제되어 있어서 결과적으로 내 의사와 관계없이 그런 모습이 나타났다고 생각하게 되면 자존감도 떨어진다.

남들이 나를 중소기업인이라고 하는 것도 그렇게 듣는 것도 착각이었다. 말로만 그렇지 나를 중소기업인으로 실질적으로 대접하는 대한민국 제도는 하나도 없다. 상법에 의한 주식회사 법인격이지만 불리할 때는 모두 개인 취급 받는다. 30년 동안 한 번도 대출을 연체하거나 약속을 어겨본 적 없지만 은행에서는 우리 회사에 단 1원도 신용으로 대출해 주지 않는다.

우리나라의 법률, 특히 회사법 체계는 일제 강점기 때 일본 것을 베낀 것으로 사회 전체가 그 의미를 수용하지 못했던 것 같다. 그러니 형식과 실체가 다른 법이 산재한다. 법 해석의 분쟁이 있을 때 아직도 일본 최고재판소의 판례 운운하는 것은 그것을 입증한다.

외국에 상품을 수출할 때 알게 된 것인데 그 나라들도 나라마다 대단한 법이 있는데 국민들은 그 의미나 이유도 잘 모르고 실질적으로는 법이 잘 지켜지지도 않았다. 어쩌다 한 번 문제가 될 때 그 규제의 장벽이 될 뿐이었다. 그것은 그들에게는 애초에 그 정도의 법을 스스로 만들 환경이나 능력이 안 되는데 구색을 갖추기 위해서 다른 나라의 법을 그대로 베껴서 사용했기 때문이다. 우리나라에도 아직도 이렇게 형식과 실체가 일치되지 않는 법이 산재해 있고 필요할 때마다 특별법으로 임시변통으로 막아가니 국민의 법적 안정성이나 예측 가능성에 문제가 생긴다.

사업을 시작하면서 그리고 지금 시점에서도 내가 가장 자신 있다고 생각했던 부문이 경리 회계였다. 고등학교에서 상업 부기를 배웠고 직장에서 회계학을 배워서 웬만한 재무제표는 내 나름대로 작성과 분석이 가능하다. 그러나 사업 시작 후 이 부분이 악몽이 되었다. 경리 회계 직원의 잦은 이직으로 호환성이 있는 '더존 프로그램'으로 바꿔서 어려움을 단축해 나가기는 했지만 근본적으로는 그 어려움이 해소되지는 않았다.

  지금도 사업하려는 사람들에게 권한다. 회계학에 대한 지식이 없으면 이 점을 보완하거나 대처할 방법을 가지고 있어야 한다. 사업이 조금 되었다 하여도 이것이 미흡하면 사상누각이 될 수 있다.

  경리 회계 직원 때문에 기업이 어려워지는 경우도 많다. 각양각색의 기업을 떠도는 경험 많은 경리 직원과 경험이 너무 없어서 업무에 있어서는 단순한 경리 직원 모두 많은 문제점을 내포하는 경우가 많다.

  이는 모두 사장이 해결하여야 할 문제인데 해결하기 대단히 어렵다. 그렇지 않은 경우도 있지만, 경험상 흔하지 않고 그 시간이 오래 가지도 않아서 이 문제는 일상의 문제로 고착된다.

  경리 회계 직원은 왜 여자야 하는가? 어떤 때는 잦은 이직과 여러 가지 문제점 때문에 남자 직원을 고려하지만 결국은 다시 여자 직원으로 귀착된다. 남자 직원이 하기에는 부자연스럽고 여자여서 편하고 좋은 일도 많이 있다.

  기업이 대기업화되면 이 문제가 적어진다. 거기에도 책임자가 생기고 팀으로 일을 하게 되면 문제들이 수면 아래 묻히고 문제가 되지도 않을 때가 많다.

그러나 20인 이하 중소기업의 경우 그럴 용량이 되지 않는다. 할 수 없이 여자 직원을 채용해서 경리 회계, 리셉션, 전화응대를 하게 하는 것이 일반적이다. 경리 직원은 사장과 매시 접촉하게 되고, 사장의 일거수일투족을 알게 되고 귀가 밝으면 사장의 하루 종일 통화 내용도 다 듣게 된다. 또 심지어 어떤 때는 사장을 대신해서 일을 처리해야 할 때도 있다. 어쨌든 어떤 때는 회사에서 부사장이나 임원들보다 중요한 위치에 설 때도 있다.

기업을 경영하면서 인재 양성에 많은 힘을 쏟았다. 영업 직원 디자이너도 중요하나 사장과의 접촉은 그렇게 많지 않을 수 있다. 그러나 경리 직원은 다르다. 대부분의 경리 직원이 내게 다가왔을 때는 경력이 적어서 활용 능력이 떨어지거나 경험이 너무 많아서 채용하기 위험한 경우가 많았다.

역으로 젊고 싹싹하고 컴퓨터 활용 능력 뛰어나면 중소기업에 근무하기는 쉽지 않다. 경리라는 이름으로 이리저리 돌다가 경우에 따라서는 어떻게도 변할 수 있는 상태로 내게 도착한 경우가 많았다. 이들이 운용하는 세상은 다양하다. 추리소설 내지 범죄 이야기의 한 부분 같은 상황이 여러 번 펼쳐진 적도 있다. 이를 사업주가 노력해서 막기는 대단히 어렵다. 신문이나 TV 뉴스에 이런 기사가 나오면 아쉽기는 하지만 나는 당한 사업주들을 비난하거나 당신이 무능해서 그런 일이 벌어졌다고 생각하지 않는다. 자기도 모르게 또는 최선을 다해서 막으려고 해도 잘 되지 않는 부분이 있다. 내가 그 사람들과 똑같아지지 않는 한 언젠가는 일어날 수 있는 구조를 형성하고 있기 때문에 회피하기 어렵다.

누구나 사장이 되면 사업이 어렵다 해도 이전투구까지 해가면서 사업을 하고 싶지는 않을 것이다. 사장을 오래 하다 보면 상처가 많이 생기고 그 상처들로 인하여 많은 상실감도 생긴다. 대한민국에서 준비되지 않은 40대에 시작해서 사장한다는 것이 그렇다. 업보처럼 받아들이라고 하겠다.

이런 사장님은 어떤가? 대한민국에서 사장님 하는 대가가 너무 크다. 우선 자기 재산을 모두 털어 넣어야 하고 직원들한테 쩔쩔매야 하고 은행이나 관공서에 가면 중소기업인에 대한 냉대 또한 눈물겹다. 분명히 대한민국 상법에 의한 주식회사로 법인인데도 선택적인 대우를 받는다. 자기들이 유리할 때는 법인 불리할 때는 개인으로 책임이 전가되거나 양벌제로 주식회사를 하는 의미도 없다.

더구나 최근에 사회적 감정적인 법들이 많이 쏟아져 나온다. 중대 재해 처벌법, 누구누구법 해서 가중 처벌하는 법 등 모두 잠재적인 대상이 된다. 그래서 준법 경영은 선택이 아니라 필수이다. 준법 경영을 한다 해도 피할 수 없는 위험이 도처에 있고 준법 경영을 하지 않았을 때는 누구한테도 변명의 여지도 방어막도 없다.

8. 퇴직금

창업 사업자에게 퇴직금의 의미가 무엇일까? 창업 후 회사가 성장하면 회사를 중심으로 직원 등 이해관계자들이 많아지게 된다. 어떻게 보면 나의 분신 같은 회사이지만 회사와 내가 일대일의 관계에 서게 되는 것은 어쩔 수 없다.

회사를 떠나서 노후자금을 생각하게 되고 「은퇴」라는 단어도 머릿속에 떠올리게 된다.

회사 정관에 임원 보수 중 퇴직금 지급에 관한 규정이 있고 이에 근거해서 「임원퇴직금지급규정」을 만들었다. 원래 퇴직금은 회사 퇴직 시에 지급하는 것이나 회사가 급여를 연봉제로 전환함에 따라서 퇴직금을 중간 정산하여 지급하고 받았다.

직원들도 연봉제로 전환과 퇴직연금 제도의 시행으로 퇴직금을 정산하여 퇴직연금에 불입했다. 퇴직연금에 가입함에 따라서 직원들 입장에서는 회사의 형편에 관계없이 「퇴직급여 수급권」이 보장되고 회사 입장에서는 직원의 계속근로기간 1년에 대하여 30일분 이상의 평균임금 즉 1년에 1달 치의 급여를 퇴직금으로 계산하여 퇴직연금으로 지급함으로써 자금 활용 측면에서는 부담이 되나 미래의 부채가 없어져서 좋다. 이렇게 퇴직금을 미리 정산하여 지급하는 방식은 외국계 기업 위주로 성행되었으나 대법원 판례로 모두 불법화되었다. 그러나 퇴직연금 가입의 경우에는 예외로 인정된다.

창업주인 사장도 결국 회사에서 퇴직하게 되면 퇴직금을 받고 이를 은퇴자금으로 사용할 수 있다. 그러나 이런 경우는 회사의 형편이 좋고, 후계자가 경영을 잘 할 수 있는 여건이 조성된 경우에 한할 것으로 이런 행복한 경우는 그렇게 많지 않을 것이다.

그러면 이런 직접적인 퇴직금을 받는 경우 외에 잠재적으로나 또는 퇴직금에 준하는 은퇴 자금을 어떻게 마련하는가에 대하여 말한다.

1) 보유 주식의 가치

창업주는 회사의 주식을 다량 또는 일부라도 보유하고 있을 수 있고 이를 현금화했을 때 퇴직금 비슷하게 은퇴 자금을 마련할 수 있다.

그러나 이 경우도 위 퇴직금 받는 경우와 비슷하게 회사의 상황에 따라서 여러 잉여금을 평가해서 회사 경영 프리미엄까지 할증해서 받을 수도 있으나 회사의 상황이 안 좋으면 기대할 수 없을 것이다.

2) 부동산 가치의 증가

회사 초창기에 회사 사옥을 위한 부동산을 개인 명의로 취득해서 회사에 임대하는 형태를 취했다. 회사 창업 초기에는 부동산을 취득할 자금적인 여력이 없었다. 부동산 취득을 위한 은행 차입도 불가능했다. 또한 신설 법인이 부동산을 취득함에 세무서나 은행에서의 시선도 좋지 않다. 부동산은 필요한데 가능한 방법은 개인 소유 아파트를 담보로 대출을 받아서 개인 명의로 부동산을 취득하는 방법밖에 없었다. 그렇게 하다 보니 개인과 법인의 이해관계가 명확하게 구분되지 않았다.

사업하는 부동산을 사업 자금으로 취득해서 사업에 사용하면 복잡한 절차도 없이 간편한데 그렇게 되지 않았다. 그러다 보니 불필요하게 부동산 임대업 사업자 등록을 하나 더 하고 지금까지 급여 연말정산과 종합소득 신고를 해야 한다.

그런데 그 부동산이 20년이 지나니 변화하였다. 그 가치가 10배는 증가한 것이다. 아무리 작게 잡아도 7~8배는 될 것이다. 가치가 증가한 것이다. 이 부동산을 내 회사에 임대하지 않아도 비슷한 수준의 임대 소득이 예상된다. 사정이 크게 변하지 않는 다면 마치 연금처럼 그 소득이 이어져서 노후자금에 활용될 것이다.

3) 노란우산공제 가입

나는 중소기업중앙회에서 운영하는 노란우산공제에 가입했다. 공제 제도가 처음 시작할 때 가입해서 지금에 이르니 누적 금액이 상당하다. 처음에는 납입 상한선이 월 50만 원이었던 것으로 기억되는데 지금은 월 100만 원으로 그 불입누적 금액만으로도 어느 정도 퇴직금에 상당한다.

또한 법에 의해서 종합소득세 신고 시에 일정 금액의 소득공제도 받을 수 있다. 장기 저축하는 셈 치고 가입해 놓으면 사업이 어려울 때나 마무리 할 때 매우 요긴한 자금이 될 것이다.

4) 국민연금

국민연금은 60세까지 가입 가능하고 사업장에서는 4대 사회보험으로 사업자와 본인 부담으로 납입되는 것으로 설명이 필요하지 않으나 은퇴가 되는 고령에는 화수분 같은 효능에 노후를 의지하게 될 것이다.

9. 지역 주민과의 관계

주택가에 위치한 회사는 생활하는 주민들과 자주 마주치게 된다. 외지인이 와서 건물을 짓고 낯모르는 젊은 직원들이 들락날락하면 지역 주민들의 시선은 날카로워질 수 있다.

건물을 지을 때도 뒷집이 애를 먹였다. 정화조가 깨져서 오수가 건물에 넘쳐 들어와 뒷집 주인에게 대화를 요청하였으나 들은 척도 안 한다. 수시로 관공서에 진정서를 제출한다. 기분이 상하면 오물이나 쓰레기도 투척한다. CCTV를 설치하고 매일 감시할 수도 없고 어렵다. 뒷집 정화조가 깨져 오수가 넘어와 불가피하게 구청에 도움을 요청했다. 구청 직원이 나와 오수가 넘어오는 것을 확인한 후 집주인에게 처리하지 않으면 과태료를 처분하고 그래도 이행하지 않으면 고발하겠다고 통지했다.

그래서 구청을 찾아가 법적인 처분보다는 타협으로 처리할 수 있게 하여 달라고 요청했다. 뒷집에서 수용만하면 우리가 우리 비용으로 그 집 정화조를 고쳐 줄 것이니 그 집에서 공사하는 사람들 출입을 허락해 주고 수리 관련 다른 요구를 하지 않겠다는 동의서를 받아 달라고 했다. 구청 직원이 그 집을 방문하여 우리의 의사를 전달하고 뒷집에서 받아들여 이틀간의 공사로 깨끗하게 수리되었다. 그 이후 집주인이 회사에 찾아와서 고맙다고 인사를 하면서 안면을 트게 되었다. 사옥을 신축할 때도 인근 주민들이 구청에 많은 진정서를 내어 모든 것을 편의적으로 하지 않고 법에 정한 기준을 지켰다.

이후에 주민들로부터 지역사정을 들으니 주민 간에도 토지의 경계, 쓰레기 등 생활 문제로 갈등이 심했다고 했다. 그 중에서도 고질적으로 수년간을 다툼하는 이웃 3인을 사무실로 초청하여 갈등 해소를 제의했고 모두 찬성하여 서로 간 각종 진정서등을 철회하고 선린 관계를 유지하겠다는 합의서를 작성하여 날인한 후 내가 보증하고 서로 교환하게 하였다. 그래서 그 부분은 갈등이 해소되었지만 동네 다른 일들로 사사건건 다툼은 계속 되었다.

뒷집의 고집과 방해로 다른 이웃들은 도시가스가 연결되지 못해서 큰 불편을 겪으며 살아왔다. 내가 뒷집을 설득하고 가스 회사에 요구해서 타협으로 가스관 연결공사를 하게 하여 주민들이 모두 도시가스를 사용할 수 있게 되었다.

우리 회사에서 뒷집을 매입하여 창고(근린생활시설)로 변경 허가를 받고 공사를 했는데 구청에서 준공 확인을 해주지 않아 구청을 방문해서 알아보니 진정서가 많이 접수되어서 내줄 수 없다고 했다. 그래서 법적으로 어떤 하자가 있는지 물으니 법적으로는 아무것도 없지만 주민들의 진정서 때문이라고 했다. 그 내용을 확인하니 말도 안 되는 이야기들이었다. 구청 직원에게 그런 사유로 계속

준공 확인을 해주지 않으면 행정소송을 제기하겠다고 하니 며칠 후에 준공 확인필 통지가 우편으로 왔다.

지역 주민과의 관계 개선을 위하여 가능한 노력을 해야 한다. 주민 간담회 참석, 주민 행사에 물질 제공, 주민과의 인사, 주변 청소 등 우리의 노력이 이제 주민을 위한 행동이 아니라 우리 자신을 위한 행동으로 변했고 지역 주민들은 우리와 좋은 관계를 유지하고 있다. 그러나 주민과의 관계는 유리병과 같은 관계라서 항상 조심해야 한다. 애써 이룬 평화가 사소한 일로 언제 깨질지 모른다.

10. 코로나 팬데믹과 사회 적응

2017년경이 되어서 회사의 호황은 점점 걷혀가고 있었으나 이를 인식하지 못했다. 직원들은 잠시 겪는 정체기로 인식하고 불황의 조짐으로는 보지 않았다. 재고 자산의 증가와 미수 채권의 발생을 일시적이고 계절적인 것으로 치부했다.

그러던 차에 2019년 11월 말이 되어서 정체불명의 전염병이 나타나고 2020년에 들어서면서 세계적 공포 불안으로 변하였으며 연이은 사회적 거리두기, 격리, 백신접종, 감염 사망자 발표로 사회는 한 치 앞을 바라볼 수가 없었다.

2~3년 준비 후 도약을 예상하던 차에 예측 불가의 상황으로 전환되었다. 더구나 우리의 주력 시장인 대형마트가 제일 큰 타격을 입게 되니 그 협력사인 우리로서는 대안이 없었다. 이 질병이 끝나기는 하는 것인가 하는 의문이 들었다. 세상이 이대로 끝나는 것인가 하는 생각도 했다. 사람이 죽어 나가는 가운데도 백신을 개발하고 치료제도 개발되고 사회는 생업보다는 생존이 우선이 되었다. 매출액은 1/4로 줄어들었다. 보유 중인 재고 자산은 덤핑으로도 처리가 되지 않았다.

이 과정에 핵심 직원 일부가 퇴직하게 되었고, 창고를 축소하며 재고를 줄이고 경비를 절감하기로 했다. 주택을 구입하여 근린생활시설로 전환하여 창고로 사용하고 있는 건물을 팔기로 했다. 다행히 원매자가 있어서 쉽게 매각할 수 있었다. 부동산 매각 대금은 우리에게 그루터기 같은 자금이 되었다. 전혀 예상하지 않은 구원금이 되었다. 매각 대금 일부로 은행 장기 차입금을 갚았고 최근 수년간 발생한 결손금을 메꾸고 다시 미래를 바라보는 재기의 기틀이 생겼다.

언제 끝날지 모르던 전염병의 공포가 2023년 봄이 되니 서서히 물러나기 시작했다. 점차 해외여행이 살아나고 국내에서도 분위기가 변하기 시작했다. 회사도 아직 매출에는 큰 증가가 없으나 변화는 감지되었다. 사업차 베트남에도 나가보고 유럽에도 시장조사차 여행하고 상해 전시회도 참관하고 코로나 팬데믹 이후 변화에 적응하기 위하여 차근차근 준비하였으나 코로나 3년여 세월이 세상을 많이 변화시켜 놓았다. 아니 과거와의 단절이라고 하는 것이 더 적절한 표현일 것 같다. 우리의 주 소비자층인 중산층이 붕괴되고 체계적인 노동시장도 변화되어 좋은 인력확보도 안 되고 사회가 임시적 일회적으로 변하여서 불안 요소가 커졌다.

우리가 사회 변화를 원망하고 탓하기만 해서야 무슨 소용인가?

우리는 대부분 다른 기업의 협력업체로 원청 기업의 변화와 결정에 종속된다. 원청 기업들도 코로나 팬데믹으로 인하여 매장에 고객이 들어오지 않고 있으니 그나마 매출이 일어나는 식품 위주로 매장을 개편해 나간다.

코로나 팬데믹 동안 배달 음식, 온라인 등이 활성화되어서 우리 상품 부문도 그쪽으로 많이 넘어가다 보니 더욱 마트나 쇼핑 공간에서는 설 자리가 줄어들었다. 그렇다고 온라인에서는 편한가? 저가 상품의 극심한 가격 경쟁에 직면하게 되니 적응도 쉽지 않다. 매일 사진 촬영해서 올려도 판매량은 기대 이하이다. 산더미 같은 물건을 물량 기준으로 팔아 왔던 우리에게는 적응이 안 되는 현상들이다.

사업이 어느 정도 되면 사장은 외로워진다. 거래처에도 가기 어렵고 직원들과 시간 갖기도 어렵다. 외롭다는 것은 시간 관리, 자기 관리에 속하는 부분인데 시간이 남을 때 스스로 관리하기가 어렵다. 외로움을 관리할 인내하는 능력을 가져야 한다.

나는 사업을 하면서 사람을 만나게 될 때에 가급적이면 구멍가게를 하더라도 사업자와 만나서 이야기하는 것을 좋아했다. 그리고 사업과 분야가 전혀 다른 사람들을 만나면서 영감 같은 환상을 그렸고, 세상의 트렌드를 느끼는 것 같아서 좋았다. 가끔, 전 직장 동료들도 만나보았지만 무엇인가를 비교하게 되고, 미래에 대한 두려움이 생겨나고, 생각을 돌이키게 하여 번민 속에 사로잡히기를 여러 번, 즐겁지 않은 기억으로 대부분 남았다.

골프나 바둑, 당구, 등산도 좋은데 대부분 중독성이 있고 어울릴 사람이 필요해서 그 사람 관리에도 엉뚱하게 시간이 많이 들어간다. 가급적이면 놀이를 위한 사람 관리라든가 골프나 당구처럼 그 자체에 시간이 많이 들어간다면 적당히 하는 것이 좋다. 사장은 필드에서 프로 소리 듣는 것보다 사업에 집중하면서 외로움을 극복해 나가는 것이 좋다. 각종 전시회에 참가해서 견문을 넓히고 세상의 변화를 느끼면서 사업을 구상하는 것도 좋다.

사회활동도 사업이 좀 자리 잡았다 싶으면 향우회장을 해 달라 동창회장을 해 달라는 등 시간과 돈 소모가 많은 일을 하게 되는데 엉뚱한 생각으로 흘러서 마치 자기가 무슨 정치인이 되어가는 것처럼 스타가 되어 가는 것처럼 착각하고 자기도취가 되어서는 안 된다. 끝까지 겸손해야 한다. 겸손하지 않을 때 사고가 터진다. 절제하고 자기 사업에 영향이 없게 하고 사업과 철저히 분리해서 봉사의 범위를 넘어 시간과 돈을 낭비해서는 안 된다.

법인카드를 가지고 다닐 수 있는데 오해할 수 있는 시간이나 지역에서 또는 상황에서 업무와 연관 없이 함부로 사용해서도 안 된다.

제3편

졸업

제3편

졸업

1. 사업이란 것

창업의 사전적 의미는 "사업 따위를 처음으로 이루어 시작함"이라고 했다. 창업에서 말하는 사업(事業)은 "어떤 일을 일정한 목적과 계획을 가지고 짜임새 있게 지속적으로 경영함"이고 여기서 경영(經營)은 "기업이나 사업 따위를 관리하고 운영함"이다.

여기서 짜임새 있게 지속적으로 관리 운영하는 주체가 사업자이다. 사업자는 개인사업자와 법인사업자로 나눌 수 있는데 그 주체는 자연인이 된다. 법에 의해서 법인격이 인정되는 법인사업자라 하더라도 그 운영 주체는 자연인이다. 위에서 말하는 어떤 일이라고 하는 사업 모델도 일정한 목적과 계획, 정관 또는 회사기본운영계획(policy)에서 정하는 그 이름 여하와 형태에 불문하고 결국은 자연인에 의해서 관리되고 운영되는 것이다.

사람에 의해서 운영되는 것이 사업이고 창업이고 이를 행하기 위하여 만든 인적, 물적 조직이 기업이다. 기업에는 사업주에 해당하는 사람만 있는 것이 아니다. 임직원, 거래처 등의 이해관계자(고객, 소비자) 연관 된 서비스업체(회계사, 관세사, 노무사, 변리사 등) 및 금융기관과 관공서(세무서, 구청, 노동청 등)직원 등이다.

직원은 앞에서 말한 바와 같이 회사에서 가장 중요한 존재로 양날의 검처럼 작용하여 경영자의 직원 관리 능력이 특히 중요하다. 그러나 근본적으로는 모두 법의 보호를 받고 있으므로 직원 관리에 있어서는 법의 존재를 인정하고 합리적 논리적으로 행동하는 것이 필요하다.

근로자만 근로기준법으로 보호받는 것으로 착각함은 많은 쓸데없는 갈등을 초래한다. 물론 근로자를 보호하는 법률의 목적도 대단히 중요하지만, 한편으로는 기업도 역시 보호되고 있다는 사실을 알아야 한다.

경영진(이사)은 상법, 민법 등에 의해서, 직원은 근로기준법, 민법, 기타 특별법에 의해서 보호되기도 하고 규율되기도 하고 또한 기업은 형법이나 그 특별법에 의해서 보호되기도 한다. 어떻게 말하면 근로자와 경영진 그리고 회사 간에 절대 강자는 없다.

고객은 거대한 물길 같다. 고객의 의견은 보통은 리뷰(구매 후기) 등으로 나타나나 때에 따라서는 직접적으로 표출될 수도 있다. 즉 소비자 단체를 통해서 또는 관공서를 통해서 직접적인 불만 표시로 나타나기도 하고 한 발 더 나가서 소송으로 나타나기도 한다.

또한 대형 판매처 또는 매입처는 평상시에도 특별한 관리가 중요하다. 회사 직원과 유착되어도 위험하고 너무 멀어서 신용 상태가 변하는 것을 감지하지 못하면 매출 채권 회수에 어려움을 줄 수도 있다.

거래처와의 관계는 회사에서 매월 한 번 정도는 검토되고 점검되어서 그 변화를 대표자가 알아야 한다. 거래처가 나쁠 때도 좋을 때도 담당 직원은 그것을 보고하지 않고 일시적으로 숨기려는 현상이 있다. 곪아서 터지려고 할 때야, 어떤 현실이 기정사실화되었을 때야 비로소 노출된다면 회사는 많은 것을 잃게 된다.

관련 서비스업체 및 관공서 직원은 자꾸 파고들려고 하는데 가급적이면 어느 정도 간극을 두는 것이 좋다. 문제가 있을 때 결국은 회사에 도움이 되지를 않는 구경꾼 정도가 된다.

사업에 있어서 인적(人的)인 요소 위주로 말을 했다. 사업주도 중요하지만 회사의 임직원 모두가 다 중요한 요소여서 사업주는 모두에게 최선을 다하여야 한다. 최선을 다하여도 꼭 틈이 생기고 거기서 문제가 생길 수 있다.

위에서 언급은 되지 않았지만 '자본'은 사업에서 중요하다. 자본 없이 하는 사업은 대부분 사기(詐欺)로 끝나기 쉽다. 정상적이라면 자본에 따른 투자 수익을 얻는 것이 사업이다. 그렇지 않은 것은 투기(投機)요 사기로 끝나기 쉽다.

자본(資本)은 자기 자본과 타인 자본으로 구분된다. 자기 자본은 자본금이 되고 사업의 기본이 되는 자금이 된다. 사업 규모에 걸맞은 규모의 자본이면 좋다. 자본이라고 해서 모두 현금일 필요는 없다. 상품일 수도 있고 토지, 건물 등 부동산일 수도 있다. 그러나 사업 초기에 무형 자산을 자본화하는 것은 바람직하지 않다.

타인 자본은 차입금이 대부분이다. 차입금은 은행 차입금이나 주주 차입금, 거래처 차입금 등이 있을 수 있다. 가급적이면 은행 차입금을 유동 자금으로 사용함이 안정적이다. 대부분 은행에서 담보나 보증서를 요구하는데 충분한 한도를 확보해서 운용하면 기업 경영은 더 안정적일 수 있다. 단기적일 때 일시 주주 차입금을 사용할 수 있고 그것도 어려우면 타인 차입금을 사용하게 되는데 차입금의 운용에는 많은 주의가 요구된다.

2. 갈림길에 서다

[후계, 폐업, 계속기업]

코로나 팬데믹은 그쳤지만, 그 사태의 여파는 이어졌다. 해결할 수 없는 매출 부진의 늪, 고정 재고의 증가, 핵심 직원의 연이은 퇴사로 이제 회사를 접어야 하는 것 아닌가 해서 합리적인 출구 찾기에 나섰다.

2023년은 혼돈의 시간이었다. 회사의 거래처와 지인 등을 만나면서 과거의 상처와 현재의 어려움과 미래의 불확실에 대하여 생각을 나누었다. 또한 그들과 내 기업의 미래에 관하여 이야기를 나누고, 나보다 잘할 수만 있다면 회사를 선의에서 좋게 넘기고 싶었다. 그러나 생각이 멈춰졌다. 내가 내 회사를 제일 잘 아는데 내가 못 하는 것을 누가 할 수 있겠는가?

그러나 시간이 흐를수록 영업 손실은 증대되고 재고는 증가하면서 고정으로 형태가 변화되었다. 이제 회사는 소생할 것 같지 않은 메마른 나무 판때기처럼 변해갔다. 사업주인 나의 나이도 문제가 되어갔다.

이제 어려움을 해결할 능력이 점차 줄어듦을 스스로 느끼고 있다. 내가 할 수 있는 것이라고는 재고와 창고를 줄이는 작업이다. 비용 절감을 이루기 위해 하루하루 계수를 점검해 나가면서 현실에 좀 더 솔직해지고 거품을 걷어내고 겸손해지는 방법밖엔 없다.

그래도 30년 사업을 했는데 다른 사람에게 피해를 주지 않게 하는 것이 최후의 자존심이 되었다. 점차 폐업의 의미가 다가오고 그 결과를 상상하니 지금까지의 사업의 보람과 즐거움을 상쇄하는 고통으로 다가왔다. 그러나 어떻게 하겠는가? 나에게는 아무 힘도 없는데 세월의 흐름에 무엇인가를 결단할 시기만 찾고 있었다.

2023년이 되면서 재고와 비용 절감 노력이 반영된 듯 영업 손실이 줄어들고 매출액도 늘어났다. 코로나 팬데믹도 끝나가고 기업 환경이 변하기 시작했다. 마치 아론의 마른 지팡이에서 움이 돋고 순이 나오는 것 같은 희열을 느꼈다. 매출 부진이라는 절벽이 허물어지는 모습이 눈앞에 그려졌다. 그러나 일시적인 변화와 희망만으로 생각을 돌리기에는 너무 불황의 늪이 깊었다. 회사를 계속하기 위하여 직원들의 심정적인 동의도 필요했다. 이제는 나 혼자 의사결정 한다고 해서 되는 것도 아니고 본의 아니게 오히려 주위에 사업주의 노욕으로 비칠 가능성도 높다.

회사 부문을 good company와 bad company로 나누었다. good

company는 매각하거나 우선 정리, bad company는 잔존 회사로 계속하다가 폐업의 길로 들어가겠다는 생각에서다. 매출이 늘고 이익이 나는 마트 1팀과 마트 2팀은 good company, 매출 부진과 단기간에 수익성 개선이 어려운 도매팀과 온라인팀은 bad company로 분류했다. good company를 우선 정리함은 비용 발생을 차단하고 정리 절차를 신속하게 하기 위함이고, bad company를 존속시킴은 재고 자산 매각, 매출 채권 회수, 매입 채무 지급과 회사 잔여 재산 및 직원의 정리 등 잔존 업무 처리를 위해서다.

[사업장 매각 또는 폐업 시 고려할 사항]

창고 축소
상품 발주 중단 (국내, 해외)
재고 상품 정리 매각
영업 활동 중단
은행 담보 해지
잔여 자산 매각 (차량, 비품)
직원 순차적 퇴직

코로나 팬데믹 이후 매출 부진과 영업 손실이 계속되니 사업의 지속 여부가 문제다. 사업자 나이 70세가 넘어서 현상 유지도 안 되는 사업을 계속 유지할 수 있는가? 이를 극복할 업무능력이 있는가? 후계는 가능한가? 건강은 가능한가? 불경기와 혼합된 내부 문제에 버틸 정신적인 힘은 있는가? 여기에서 소중히 지킬 가치는 무엇인가?

[업무 적응 능력]

이때를 생각해서 꾸준히 인재를 양성한다고 해왔는데 현실은 어떤가? 아직도 사업자인 내가 모든 부문에 관여하고 결정해야 하는데 업무능력에는 한계가 있다. 관리적인 측면은 현상 유지가 가능하나, 신규 업무 개발이나 동업자에 대한 접근은 현실적으로 어렵다. 상대방도, 나도 직접 만남을 부담스러워한다. 새로운 인재, 새로운 피의 수혈이 절실하나 그만큼 어려운 실정이다.

[건강]

희망사항이겠지만 75세까지를 건강나이라고 한다. 지금부터 10
년이면 80세가 넘는다. 현재의 시점에서 어떤 일이 나에게 소중하
고 가치 있는 일인가?

정말 중요한 질문이다. 기업이 현상 유지를 한다지만, 그것이 내
인생의 마지막 단계에서 가치 있고 소중한 일인가? 나를 지탱해 나
가는 것이 건강뿐인가? 허상으로 노욕만 내보이는 한 늙은이로 끝
나가지 않겠는가? 집착 아닌가? 두렵고 떨린다.

나의 현재와 미래의 업무에 대한 업무 적응 능력과 육체적 정신
적인 건강을 고려해서 사업의 후계를 준비해야 함은 너무나 당연
하고 필요하다. 그러나 자식, 직원, 경영자의 영입 모두 어느 것 하
나 여의치 않다는 데 문제가 있다.

3. 다시, 내일 일은 내일에

지금까지 창업해서 30년간을 이끌어 오고 일구어 온 것에 대하여 소회(所懷)야 있겠지만 이 자리, 이 갈림길에서 또다시 한 조각의 구름을 바라본다.

30년간 나는 무엇을 했는가? 무엇에 이끌리어 여기까지 왔고 여기서 여기 갈림길에서 왜 망설이는가? 이제 그만하고 싶은가?

지난 30년간을 어떤 난관, 어떤 아픔 속에서도 감사와 고마움을 잊지 않았다. 항상 내일에 대한 긍정으로 오늘을 이겨 나갔다. 오늘이 또 그런 날이다.

'기업가에게는 기업가 정신이 있어야 한다'

나는 이 말에 동감한다. 정신없이 헤매다 보니, 그때는 아무것도 몰랐고 정신을 좀 차렸을 때는 이미 모든 것을 지나왔다. 치열하게 살아오며 지나온 어떤 시절과 경험과 가치관을 스스로 그렇게 정의하는지도 모른다.

내가 시련이 있을 때 좌절하지 않고 버텼던 힘은 무엇인가? 어떤 사람은 종교의 힘이 될 수도 있다. 어려울 때 하나님을 바라보고 발버둥 치는 모습이 그려진다. 어떤 사람은 강인한 정신력으로 버틸 수도 있다. 어떤 사람은 특별한 가치(價値)일 수도 있다. 어쨌든 나는 어려움을 버티고 쓰러지지 않고 지금까지 왔다.

모든 것을 완비하지 못하고 불완전하게 시작한 창업이기에 미숙한 모습이 더 많았다. 나는 그런 때 나와 내 가족이 손상되지 않게 노력했다. 사업을 시작한 동기의 한 부분이기도 하다. 사업은 이제 길을 알았으니 좀 더 기다리면 되는데 하는 생각을 많이 했다. 그리고 어쩔 수가 없었다. 그러나 포기는 아니었다.

초기에는 개척 정신(new frontier)을 많이 생각했고 하나님의 소명도 생각을 많이 했다. 사업을 이어가면서 무엇인가 내 마음속에서 꿈틀대는 것이 만들어져 갔다. 여러 번 무시되기도 하고 밟히기도 하면서 돈보다 중요한 가치가 형성되었다.

어떠한 불의와도 타협하지 않겠다.
절대로 불법적인 일을 하지 않겠다.
나는 내가 원하는 나만의 기업을 만들어가겠다.

이것이 나의 자유의 표현이었다. 이런 기업을 내가 만들어서 내가 사는 세상에 내주고 싶었다. 이러면서 나의 자유의지가 나의 기업가 정신으로 형성되는 것 같았다. 그 정신이 나를 지금까지 이끌어 왔고 지금도 나를 지탱하는 정신이다.

어떤 때는 눈물이 날 만큼 고통스럽고 외로울 때도 있었다. 그것이 나 때문은 아니었다. 내가 감당해야 하는 숙명 같은 운명이었다. 이제 다시 그 운명과 마주 서야 한다. 내가 노쇠해졌는지 가슴이 아리고 그런 내 처지를 위로 받고 싶다. "너 그동안 잘했다"고.

30년이 되었다고 어찌 이런 나약한 생각이 드는가? 그러나 현실이다. 이제 나는 떨리는 마음으로 갈림길에 다시 섰다. 나를 가슴 설레게 했던 한 조각의 구름을 다시 마주하게 되고 또다시 그 언젠가는 감동과 희열로 감사하게 될 것이다.

내가 선 이 자리에 움이 돋고 순이 나올 것이다. 꽃이 피고 열매가 열릴 것이다. 내가 어찌 이 길을 포기할 수 있겠는가?

다시 시작이다.

내일 일은 내일 생각하자.

4. 나의 직업은 사장님

최근에는 사장님이라는 호칭보다는 '대표님'이라는 호칭을 많이 사용한다. 그건 우리 회사에서도 마찬가지다. '사장'은 1인 사업장 주인을 포함하여 광의적으로 적절한 호칭이 없을 때 편의상 사용한다.

'사장'은 어떤 의미인가? 자본을 투자해서 위험을 감수하고 이윤을 창출하는 주체가 되는 자연인을 그 사업체와 연관시켜서 호칭함이 아닐까? 사장의 의미는 나에게는 호칭의 문제가 아니라, 무엇에 의존하지 않는 정신적인 상태, 즉 자유를 의미한다.

내가 만든 상표나 상품이 새로운 물건으로 태어나서 마트나 시장에 전시되고 팔릴 때 얼마나 큰 희열을 느꼈던가! 어느 집이나 사무실 식당 건물에 내가 개발한 상품이 쓰이고 있는 것을 보았을 때 얼마나 큰 기쁨을 느꼈던가! 돈 이상의 행복, 내가 이룬 성공을 느끼고 체험했다.

내가 이룬 것은 물질로부터의 자유다. 솔직히 말하면 그것이 가장 컸는지도 모른다. 사업의 성공으로 인한 물질적인 자신감이 물질의 자유를 체험하게 했다.

시간으로부터의 자유, 여유를 누렸다. 어떤 때는 가끔 내가 이래도 되나 하는 생각이 들 정도의 사치도 누려봤다.

창업도 창의적인 생각도 나의 자유에 기초한다. '윤리·도덕· 법' 이것들도 자유 다음이었다. 창업도 성공도 폐업도 나에게는 자 유의 발현이다.

사업을 하면서 시간은 많아도 할 일이 없을 때 외로움을 느낀 다. 우연한 성공이 기쁘지 않을 때도 있고 오히려 서글플 때도 있 다. 꼭 실력으로 성공하고 싶었다. 요령 부리지 않고 불법한 일 하 지 않고 정정당당히 성공하고 싶었다. 아니 지금까지 대부분 그렇 게 해왔다. 그런데도 세상이 그렇게 생각해 주지 않을 때 서러웠 다. 세상은 돈 없이 빽 없이 돈을 벌면 성공했어도 졸부라고 폄하 한다. 이런 편견과 질시의 극복도 힘들다. 기득권에 기대서 돈을 벌 고 명예를 얻고 권력을 얻으면 오히려 세상은 이를 성공이라고 높 여준다.

나의 자유에 대한 지향(志向)이 세상을 변화시킨다. 새로운 물건 을 탄생시키고 세상을 변화시키는 일. 이것이 창업이고 진정한 사 장이다.

나는 지방에서 태어났고 자라서 초등학교 중학교를 지방에서 졸 업하고 서울로 유학을 오게 되었다. 오래된 역사를 가져 널리 알려진 상업고등학교로 시골에서는 선망의 대상이 되는 학교였다. 입학하고 나서 고향에 가면 우쭐한 기분도 들었지만 수업에 적용하기 어려웠다. 고등학교 3년을 허송세월했다. 내 생각으로는 고등학교 졸업 기초학력도 안 되는데 졸업을 했다. 나만 그랬겠는가? 국어, 영어, 수학, 과학, 역사 등 기초학력이 안 되니 대학 진학도 힘들었다. 겨우 대학에 입학해서도 학업이 더 진척되지 않고 모자라는 기초학력을 채우는 일에 4년간 몰두했다.

인생을 살아가면서 깨닫는다. 이제는 필요치 않을 것 같아도 어느 모서리에서는 꼭 필요하고 그것이 없으면 진척이 되지 않는 요소가 있다. 이를 피해 가려면 어느 한 부분을 포기해야 할 수도 있다. 고등학교에서 배워야 하는 것도 그랬다. 미적분을 모른다고 살아가는 데 문제가 되지는 않는다. 그러나 경제학이나 다른 학문을 조금 더 깊숙이 들어가려고 하면 미적분을 잘 모르고는 어렵다. 이렇듯이 모두가 면면히 필요하다. 잘 갖춰지면 유용하고 좋다.

기업도 마찬가지다. 어느 부분, 어느 부분을 채워가면서 해야 기업도 견고해진다. 그때그때 필요치 않아도 언젠가는 꼭 필요한 때가 있고 결정적인 역할을 할 때도 있다. 나는 사업을 하면서 이런 부분에 많이 노력했다.

서두에서도 말했지만 중소기업 사장은 영어, 재무회계, 경영, 무역, 금융, 기술, 디자인, 부동산, 법률 등 회사 경영에 필요한 요소들에 관하여 전문가에 준하는 지식과 능력을 가지고 있어야 한다. 스스로 노력해야 한다. 물론 분야마다 전문가를 사용하고 있겠지만, 위기 시에 사장이 알아야 선제적으로 대응할 수 있다.

회사가 어려워도 넘어지지 않는 것이 이 때문으로 생각된다. 그야말로 이런 사장을 갖는 회사는 회사가 작아도 버리기 아까운 '탁월한 기본기'를 갖춘 회사가 된다. 차근차근 쌓아 올린 기초학력과 같이 기본이 튼튼한 회사가 된다.

미국에서 회사 사장을 호칭하는 영어 표현도 흥미롭다. 회사의 규모와 소유 형태(ownership)에 따라, 업종 또는 연륜에 따라 Owner, Officer(CEO, CFO, CTO), Manager, Director, President, Chairman 등으로 칭한다.

우리말로는 주인, 대표, 사장, 회장, 의장 등 사업주 스스로 생각하는 회사의 규모에 따라서 호칭을 사용하는 것 같다. 어떤 호칭을 사용해도 그것은 남이 부르는 호칭일 뿐 나는 사장이고 내가 사장임에는 변함없다.

사장이라는 단어가 갖는 특별한 의미가 나를 지탱한다. 주인은 사업에 자기와 물질만 말하지만, 사장은 자기와 기업과 사원에 대한 책임이다. 시련이 있어도 좌절할 수 없는 강인한 정신세계이다.

'나이 80까지 사장을 한다면 그것이 여러분의 로망이 됩니까? 아니면 괴로움이 됩니까?'

그건 직접 사장이 되어봐야 안다.

몇 년 전에 스페인 여행에 동행한 일행 중에 S전자 부장인 50대 초반 정도의 남자분이 말을 붙여왔다. 여행이 끝나갈 무렵이어서 서로 어느 정도 알 만큼 알았다고 생각한 것이다. 그 남자분은 내게 대뜸 "사장님이 저의 로망입니다"라고 말했다. 나는 당황했다.

사장을 하니까 밥이야 먹고살겠지만, 허연 머리로 사장이라는 명함 내미는 것도 이제 슬슬 민망해졌고 이제 그만하고 싶었는데, 나에게 도전적인 말을 남겼다. 그의 말의 여운이 길었고 그가 말하는 의미도 충분히 알 만했다. 그에게 물었다. "정말 그렇게 생각하세요?"

그는 아마 이 여행을 끝내고 귀국해서는 회사를 그만두게 될지도 모른다. 말로 표현은 안 했지만, 이번 여행이 퇴직을 앞둔 위로 여행이었는지도 모른다. 자기에게 닥쳐올 불안한 미래와는 대조적으로 30년을 사장으로 지내는 내 모습이 그의 선망이자 로망으로 비친 것 같다.

직장을 퇴직해서 창업한 지 30년, 30년간 사장 노릇을 하면서 사장님이라는 불림에 익숙해지니 내 직업이 '사장님'인 것 같다. 나와 같은 시기에 창업해서 사업을 이어오던, 내가 아는 많은 사업자가 현장에서 떠나고 홀로 남으니 내 직업이 '사장님'인 것 같다.

30년을 사장님 했으니

이제는 이에 연결하여 40년으로의 퍼즐을 맞춰간다.

5. 오동나무를 심다

폐업도 생각해 보고 다른 사람이 이 사업을 잇는다는 생각도 해 봤지만, 나에게 가능한 일이 아니다. 잠시 그런 꿈을 꾼 것은 아닐까? 아니 긴 꿈을 꾸었다.

다시 일어나 계속 기업을 상정하고, 폐업에 준하는 자구 계획을 실행하고, 누가 맡아도 가능하게 회사의 모든 제도를 객관화하여 회사 기본 운영 계획을 수립한다. 직원들의 동의를 구하고 기업에 대한 충분한 이해와 자발적인 참여 유도를 지속한다.

2023년, 작년 봄이었다. 초등학교에 다니는 손자에게 '코로나가 끝나면 할아버지가 자주 다니는 중국에 같이 가자'고 약속했었다.

코로나 팬데믹이 끝났는데 중국은 「반간첩법」을 제정하고 입국 비자를 강화하여 외국인 입국을 특히 한국인의 입국을 규제하는 듯한 인상을 주었다.

손자에게 중국을 몇 년 후에 가면 어떨지 의향을 물으니, 코로나가 끝났으니 바로 가면 좋겠다고 했다. 재차 물었고 그 부모를 시켜서 설득하려고 했으나, 결국 약속을 지키는 것으로 했다. 마침 유명한 섬유류 및 바닥재 전시회인 '도모텍스'가 7월에 예정되어 있었다.

손자와 꿈을 나눈다는 즐거운 마음으로 계획대로 중국을 방문했다. 전시회에도 손자와 함께 참관하였다. 거기에서 우리 거래처들도 손자와 함께 만났다. 맛있는 음식도 먹고, 아주 즐겁고 유익한 여행이었다. 중국 방문을 기점으로 나는 마음을 다잡았다.

'다시 시작하자, 스타트업을 시작하는 셈 치자.
과거나 과거의 성과는 잊고, 다시 세상을 바라보자!'

이제 새로운 시작에서 중국과 인도만으로는 부족하다. 그것만으로는 그것이 그것인 상황이다. 구글에서 검색해서 베트남 업체를 찾아냈고 상담 약속을 잡아 그 공장을 방문했다. 하지만 규모가 작았고 하청 생산 위주로 자체 아이템을 갖지 못해서 우리가 거래하기에는 부족했다.

북유럽풍 디자인을 도입하기 위해서 덴마크, 스웨덴, 핀란드, 노르웨이를 방문했다. 마트, 쇼핑몰, 백화점 등을 찾아가서 관심 제품을 점검했다.

그 나라 생산 제품은 찾기 어려웠고 대부분이 중국이나 튀르키예, 동남아에서 만든 제품이었다.

상품의 안전성 확보를 위해서 유럽이나 미국 시장에서 검증된 공장을 찾아내는 것이 중요하다. 상품에서 유해성분이 나오면 쇼핑몰이나 마트에서 모두 회수되고 폐기해야 하는데 엄청난 손실이 된다. 따라서 신규 공장을 선택할 때는 그들이 거래하는 거래처를 파악하는 것이 대단히 중요하다.

유럽에서 만난 상품의 공장을 구글에서 검색해 태국에 있는 공장을 찾아냈다. 지난해 12월에 그 태국 공장을 방문하여 생산시설과 그 시스템을 확인했다. 유럽과 미국에 40년 이상 수출했고 한국에는 단일가 생활용품 판매업체인 D사에 수출하고 있었다. 따라서 제품의 품질과 가격은 어느 정도 검증이 되는 업체였다. 샘플과 가격 등을 교환했고 그들도 우리 회사를 방문하겠다고 약속했다. 올해 3월 마지막 주에 우리 회사를 방문해서 우리 직원들과 같이 시장조사를 했고 구체적인 아이템 선정 작업까지 끝냈다. 나는 이 회사가 우리에게 새로운 기회를 열어주기를 기대한다. 우리에게 부족한 매출액 15%에서 이 회사 아이템으로 그 부족한 10%만 감당해 주면 회사는 다시 살아난다.

새로운 기업으로 태어나는 회사의 모습이 보인다. 꽃이 피고 열매가 열리는 기업으로 이제 40년을 향하여 다시 강을 건넌다. 창업

30년에서 40년으로 향하는 발걸음을 내딛는다. 고비마다 겪었던 일들이 떠오른다. 지금까지 시련이 있어도 좌절하지 않았다. 아파도 억울해하지 않았다.

그런데 지금은 뒤를 돌아보니 마음이 아프고 아리다.

지금 시작하는데, 지금이라도 "이제 이 회사의 사장은 저입니다" 하는 사람이 내 앞에 나타나면 나는 사장 자리에서 물러나겠다. 나는 안 되지만, 나에게는 끝이지만, 그는 가능하다. 이제 모두가 하나님의 시작임을 나는 믿는다. 나는 그분이 사용하시는 하나의 지팡이에 불과하다. 이제 하나님이 그분의 능력으로 행하신다.

처음에 황금을 땅에 묻었던 것처럼 이제 나는 오동나무를 심는다.

언젠가 이 오동나무 위에 봉황이 내려오리라 생각하며 심는다.

끝내려고 했던 이 시점에서 다시 시작한다.

오늘이 그날이다.

그리하여 이 40년의 여정이 나와 누군가에 의해서

하나님의 은혜로 마무리되기를 원한다.

순례자들이여!
나의 동지들이여!

가문 하늘에 한 조각의 구름을 띄웁니다.

-『40에서 80까지 사장님』저자 이기봉

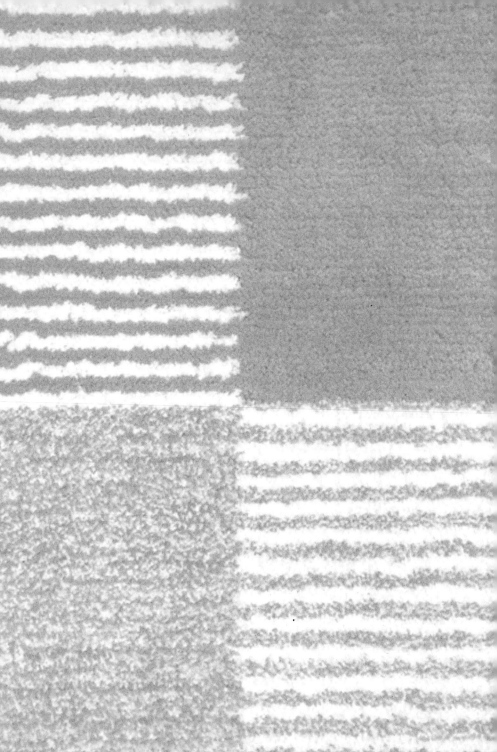

40에서 80까지 사장님

이기봉 지음

발행처   도서출판 청어
발행인   이영철
영업   이동호
홍보   천성래
기획   육재섭
편집   이설빈
디자인   이수빈 | 김영은
제작이사 공병한
인쇄   두리터

등록   1999년 5월 3일
          (제321-3210000251001999000063호)

1판 1쇄 발행 2024년 6월 30일

주소   서울특별시 서초구 남부순환로 364길 8-15 동일빌딩 2층
대표전화 02-586-0477
팩시밀리 0303-0942-0478
홈페이지 www.chungeobook.com
E-mail   ppi20@hanmail.net

ISBN   979-11-6855-258-6(03320)